Chapitre 1 : L'étrange découverte

La pluie tombait drue sur la petite ville de Saint-Morvan, transformant les rues pavées en rivières scintillantes. Les lampadaires vacillants diffusaient une lumière trouble, accentuant l'atmosphère pesante de cette nuit d'octobre. Un silence inhabituel régnait, brisé seulement par le bruit monotone des gouttes frappant les fenêtres closes.

À l'extrémité nord de la ville, le parc de l'Étang Noir s'étendait comme un territoire oublié. Ce lieu, autrefois fréquenté par des familles le dimanche, était maintenant un refuge pour l'obscurité et les ombres. Les rumeurs allaient bon train : on parlait de silhouettes furtives, de cérémonies étranges au clair de lune. Mais pour les habitants de Saint-Morvan, il valait mieux ne pas poser de questions.

Ce fut dans cet endroit lugubre que Paul Lambert, un gardien municipal, fit la découverte qui allait bouleverser la ville. Il était environ minuit, et son tour de garde se terminait. Trempé jusqu'aux os, il avançait à contrecœur, sa lampe torche à bout de bras, illuminant les sentiers envahis par les herbes. Sa vieille radio grésillait faiblement, diffusant une chanson oubliée qui ne faisait qu'ajouter à son malaise.

C'est alors qu'il aperçut quelque chose, à demi dissimulé sous les branches basses d'un chêne. Un éclat pâle, presque irréel, lui fit ralentir le pas. Intrigué, il s'approcha. Quand la lumière de sa torche tomba sur le corps inerte d'un homme, Paul sentit son souffle se bloquer. Le visage figé de la victime, d'une pâleur fantomatique, semblait fixer les étoiles invisibles à travers les nuages.

— Mon Dieu…, murmura-t-il, incapable de détourner les yeux.

Il trébucha en arrière, le cœur battant à tout rompre. Il y avait quelque chose d'étrange dans cette scène. Le cadavre n'avait pas simplement été laissé là ; il avait été disposé. Les bras croisés sur la poitrine, les jambes jointes avec une précision presque rituelle. Mais ce qui le frappa le plus, ce fut le symbole gravé sur le poignet gauche de l'homme : un cercle parfait entouré de petites flèches, comme un soleil noir.

L'appel de Paul au poste de police local déclencha une chaîne d'événements qui allait marquer le début d'une des enquêtes les plus complexes de la carrière de Léa Morel. Inspectrice principale de la brigade criminelle de la ville voisine, elle était connue pour sa perspicacité et sa ténacité. À trente-sept ans, elle avait résolu des affaires qui avaient laissé d'autres enquêteurs perplexes, mais celle-ci lui donnait déjà une impression inhabituelle.

— Alors, qu'avons-nous ici ? demanda Léa en descendant de sa voiture, un trench-coat noir jeté sur ses épaules pour se protéger de la pluie.

Le capitaine de la police locale, un homme robuste au visage marqué par les années, s'approcha avec un air grave.

— Vous allez vouloir voir ça de vos propres yeux, inspectrice. Ce n'est pas... ordinaire.

Guidée par la lumière vacillante des torches, Léa traversa le parc jusqu'à la scène du crime. À ses côtés, Adrien Vanel, son coéquipier de longue date, essayait tant bien que mal de garder son parapluie sous contrôle face aux bourrasques de vent.

— J'espère que ce n'est pas un coup monté pour Halloween, marmonna-t-il en esquissant un sourire nerveux.

Mais son sourire s'effaça dès qu'il vit le corps.

Léa s'accroupit près de la victime, ses yeux scrutant chaque détail. L'homme, probablement dans la quarantaine, portait un costume de bonne facture, mais ses chaussures étaient couvertes de boue, comme s'il avait marché longtemps avant de mourir. Ses mains étaient impeccables, sauf pour cette marque étrange sur son poignet gauche.

— Vous avez identifié le symbole ? demanda-t-elle en se tournant vers le capitaine.

— Pas encore. On a alerté un spécialiste en iconographie, mais il faudra attendre quelques heures. Pour l'instant, tout ce qu'on sait, c'est que ce type n'est pas d'ici.

Léa hocha la tête et se releva. Elle balaya la zone du regard, notant la disposition des arbres, les empreintes dans la boue et la manière dont le corps semblait être à la fois exposé et caché. Une mise en scène, clairement.

— Ce n'est pas un meurtre aléatoire, dit-elle finalement. Quelqu'un voulait qu'on trouve ce corps, mais pas tout de suite.

Pendant ce temps, Adrien fouillait les poches de la victime. Il en sortit un portefeuille, protégé par une pochette en plastique. À l'intérieur, une carte d'identité au nom d'Hugo Mareuil, un avocat connu pour avoir défendu des clients douteux dans plusieurs grandes affaires.

— Vous croyez que ça pourrait être un règlement de comptes ? demanda Adrien en tendant la carte à Léa.

Elle hésita avant de répondre. Un avocat tué de cette manière, avec une symbolique aussi étrange, cela ressemblait à bien plus qu'un simple crime lié à un procès.

— Peut-être. Mais quelque chose me dit que ce n'est pas si simple.

En fouillant davantage, Adrien trouva une lettre pliée dans une enveloppe noire. Il la tendit à Léa, qui l'ouvrit avec précaution. À l'intérieur, un seul mot écrit à l'encre rouge : **"Traître"**.

— Ça devient intéressant, murmura-t-elle.

Le silence retomba alors que l'équipe scientifique arrivait pour commencer son travail. Léa resta immobile, observant la scène avec un mélange de curiosité et d'appréhension. Elle avait l'impression que cette affaire était plus grande qu'elle n'y paraissait, comme si elle n'en voyait encore que les contours flous.

— Prépare-toi, Adrien, dit-elle en se tournant vers son collègue. On n'a pas fini de voir des ombres dans cette affaire.

Et elle avait raison.

Chapitre 2 : Les Ombres du Passé

Le matin, la pluie avait cessé, mais l'air restait lourd et humide, comme si la ville elle-même refusait de se remettre de la nuit qu'elle venait de traverser. Les rayons pâles du soleil filtraient à travers les nuages bas, ne parvenant pas à réchauffer l'atmosphère glaciale de l'automne. Saint-Morvan semblait figée dans un état de stupeur, comme si l'ombre du meurtre de la nuit précédente pesait encore sur chaque pierre, chaque bâtiment. Les habitants, en dépit de la tranquillité apparente, se sentaient épiés, comme si quelque chose, ou quelqu'un, les observait depuis les recoins les plus sombres de la ville.

Léa Morel n'était pas du genre à se laisser emporter par les émotions. Pourtant, cette affaire la dérangeait. Ce symbole gravé sur le poignet de la victime, la lettre portant le mot "Traître", le corps minutieusement exposé dans le parc — tout cela avait un parfum étrange de rituel, une odeur de complot qui traversait l'histoire comme un spectre inévitable. Il y avait trop de détails, trop de petites choses qui ne pouvaient pas être des coïncidences. Elle en avait l'intuition : ce meurtre n'était que le début.

Le bureau de Léa était calme en cette matinée pluvieuse, éclairé seulement par la lumière tamisée des néons qui clignotaient au-dessus de son bureau. Les rapports sur son écran étaient en attente, mais son esprit était ailleurs. Elle regardait la photo de la victime, Hugo Mareuil, un avocat d'affaire respecté. À première vue, rien ne semblait lier cet homme à la scène macabre qu'elle venait de visiter. Mais au fond d'elle, Léa savait que tout cela était lié à quelque chose de plus grand.

Elle se leva brusquement, écartant le dossier et les feuilles éparses sur son bureau. Sans un mot, elle fit signe à son coéquipier, Adrien Vanel, de la suivre. Lui aussi était perturbé par cette affaire, mais il ne pouvait pas s'empêcher d'être plus pragmatique, moins émotif. Le contraste entre lui et Léa était frappant : lui, l'homme de terrain, calculateur et rationnel ; elle, l'intuitive, capable de lire entre les lignes.

— Tu penses qu'il a des ennemis ? demanda Adrien en ajustant sa veste.

— Probablement. Mais quelque chose me dit que ce n'est pas qu'une question d'argent ou de pouvoir. Il y a quelque chose de personnel dans tout ça. Peut-être qu'il était impliqué dans quelque chose de bien plus sombre. Je veux parler aux gens qui le connaissaient. Mais avant ça… j'ai besoin d'une réponse à une question.

Léa attrapa son sac et s'éloigna du bureau avec détermination. Adrien haussait les sourcils, sentant que quelque chose d'important allait se jouer.

Le bureau d'Hugo Mareuil était situé dans un grand immeuble moderne au centre-ville, un endroit impersonnel où la richesse se mesurait en mètres carrés de marbre et en plafonds suspendus. Les secrétaires avaient un air blasé, comme si les scandales juridiques et les malversations d'avocats ne les affectaient plus. Mais une tension palpable régnait dans l'air. Après la découverte du corps, une vague de nervosité s'était installée dans l'immeuble. Les employés se chuchotaient des rumeurs à voix basse, se demandant si la malédiction de Mareuil ne finirait pas par les engloutir tous.

Léa et Adrien furent reçus par un homme d'une cinquantaine d'années, grand et élancé, aux cheveux grisonnants et à l'allure élégante. Bernard Leclair, l'associé principal d'Hugo, les invita à entrer dans son bureau sans un mot. Il n'avait pas l'air surpris de leur visite, comme si, au fond de lui, il attendait déjà ce moment.

— Vous avez des informations ? demanda-t-il sèchement en s'installant derrière son bureau.

— Nous avons des questions, répondit Léa, ses yeux fixés sur lui. Tout d'abord, pouvez-vous nous dire où vous étiez hier soir ? C'est important.

Leclair fixa un instant la détective, semblant réfléchir, avant de répondre :

— J'étais chez moi, seul. J'ai passé la soirée à lire des dossiers. Vous savez, le travail ne s'arrête jamais pour un avocat. Pourquoi cette question ?

— Parce que Hugo Mareuil a été retrouvé mort dans le parc de l'Étang Noir. Un meurtre, apparemment prémédité. Et nous cherchons à savoir si vous saviez quelque chose qui pourrait nous aider à comprendre pourquoi quelqu'un en voudrait à sa vie.

Leclair blêmit légèrement, mais il garda son calme.

— Nous avions… des différends, oui. Mais rien qui justifie un meurtre. Il était un avocat brillant, certes, mais il avait une réputation assez… discutable, au sein du milieu.

— Quel genre de réputation ? insista Léa.

Leclair sembla hésiter. Puis, après un silence lourd, il se leva et se dirigea vers une étagère. Il en tira un dossier épais et le posa devant elle.

— Hugo était impliqué dans des affaires que je ne cautionnais pas. Il avait des clients peu recommandables. Et il s'intéressait à des affaires qui, disons, n'étaient pas tout à fait légales. Mais rien qui puisse expliquer un tel meurtre.

Léa ouvrit le dossier, le feuilletant rapidement. À l'intérieur, il y avait des noms de sociétés, des montants d'argent obscurs, et quelques références à des contrats douteux. Mais rien qui ne justifiait un meurtre sanglant dans le parc.

— Nous allons devoir vérifier tout ça, dit-elle en se levant. Et il est possible que nous vous demandions de revenir nous voir.

Leclair hocha la tête, son visage sombre.

— Je vous en prie, faites ce que vous devez faire. Mais soyez prudente. Il y a des choses dans cette ville que même un avocat chevronné comme Hugo Mareuil ne pouvait pas contrôler.

Léa et Adrien quittèrent le bureau de l'avocat dans un silence pesant. Ils montèrent dans leur voiture, Léa scrutant son carnet de notes, tandis qu'Adrien démarrait.

— Qu'est-ce que tu en penses ? demanda Adrien, brisant finalement le silence.

— Il cache quelque chose, c'est certain. Mais je n'ai pas l'impression que le meurtre soit lié directement à ses activités professionnelles. Peut-être qu'il y a quelque chose de plus… personnel.

— Comme quoi ?

— Comme une vengeance, ou peut-être une dette qu'il n'a pas payée. Ce symbole sur son poignet… Ce n'est pas anodin. Il y a une histoire là-dedans. Il faut comprendre ce qu'il représentait. Et pourquoi quelqu'un en voudrait à ce point à sa vie.

Chapitre 3 : Les échos du silence

L'odeur de l'humidité persistait dans l'air comme une odeur de terre battue, bien que la pluie fût maintenant un souvenir lointain. Le matin était venu, mais il n'apportait pas la lumière du jour habituel : un ciel gris et bas pesait sur la ville, donnant à tout Saint-Morvan une teinte d'incertitude. Léa et Adrien s'étaient levés tôt, impatients de poursuivre leur enquête. Le mystère du meurtre d'Hugo Mareuil semblait se tordre à chaque nouvelle découverte, prenant des formes insaisissables. Le dossier en sa possession, un enchevêtrement de détails qui refusaient de se relier, se faisait de plus en plus dense. Un labyrinthe de mensonges et de secrets.

Le commissariat était animé comme à son habitude, mais il y régnait une atmosphère nerveuse. L'équipe avait pris la décision de creuser davantage dans le passé de la victime. Il était devenu évident que le profil d'Hugo Mareuil cachait bien plus que les apparences d'un avocat respectable. Léa avait donc demandé à ce que l'on interroge ses anciens clients, ses collègues, et qu'on fassent des recherches dans ses dossiers.

— Leclair semblait vraiment perturbé par le dossier qu'il nous a donné, remarqua Adrien alors qu'ils pénétraient dans l'ascenseur. C'est comme s'il essayait de nous mener sur une fausse piste.

Léa hocha la tête, le regard perdu dans la réflexion. Elle se demandait si Leclair ne les avait pas délibérément orientés vers des affaires triviales, des transactions financières douteuses qui ne pouvaient, à l'évidence, pas expliquer la brutalité du meurtre. Ce qui la préoccupait, c'était le symbole, cette marque étrange sur le poignet d'Hugo, et la mention cryptée dans la lettre. Quelqu'un avait pris soin de laisser des indices, mais pourquoi ? Que cherchait-on à lui dire ?

— Leclair ne nous a pas tout dit, ça, c'est certain. Et plus je regarde ce symbole, plus il me semble avoir vu quelque chose de similaire dans des affaires anciennes… Mais où ? Ça me trotte dans la tête. Il faut que je fouille les archives, dit Léa en se dirigeant vers son bureau. Mais avant cela, je veux revoir la scène du crime. On va prendre l'air et essayer de dénouer cette affaire de manière un peu plus… personnelle.

Léa et Adrien prirent la direction du parc, qui semblait encore plus étrange en pleine lumière du matin. Les arbres dénudés s'élevaient comme des spectres, leurs branches effleurant le sol humide sous un vent faible mais persistant. L'Étang Noir, lieu du meurtre, portait bien son nom : l'eau stagnante semblait noire comme du pétrole, sans une seule onde à perturber sa surface calme. L'endroit, normalement fréquenté par des promeneurs solitaires et des joggeurs matinaux, était désert. Le parc était désormais marqué, souillé par le souvenir du crime qui y avait eu lieu. Rien ne laissait présager la violence qui s'y était abattue la nuit précédente.

Ils se rendirent directement à l'endroit où Paul Lambert avait trouvé le corps. Le terrain était boueux, la végétation envahissante, et un épais silence pesait sur les lieux. Léa s'accroupit près de l'endroit exact où Hugo Mareuil avait été retrouvé. Le sol, encore perturbé par la présence de la police, offrait peu de réponses, mais des traces d'empreintes étaient visibles, entremêlées avec celles des enquêteurs. Elle observa longuement l'endroit, à la recherche de détails que la première inspection avait laissés de côté. Puis, un léger mouvement attira son attention.

— Adrien, viens voir, dit-elle d'un ton intrigué.

Il s'approcha, curieux, mais ne comprenait pas tout de suite. Ce que Léa venait de découvrir, c'était un petit morceau de tissu, à moitié enterré sous une touffe d'herbe. Il était presque invisible à cause de la boue, mais son tissu gris pâle ressortait comme une tâche dans le décor.

— Qu'est-ce que ça pourrait être ? murmura Adrien, tendant la main pour le ramasser.

Léa se redressa, scrutant les alentours. Ils étaient loin des sentiers battus, là où les promeneurs ne s'aventuraient généralement pas. Pourquoi ce morceau de tissu était-il là, si loin des routes et des allées du parc ? Et pourquoi ce tissu gris qui semblait en partie effrité, comme s'il appartenait à un vêtement usé depuis longtemps ?

— On dirait… un morceau de vieux manteau. Il a l'air d'avoir été là depuis un moment, mais ça n'a rien à voir avec le meurtre lui-même. Enfin, je ne pense pas, fit Adrien en l'examinant plus attentivement.

Mais Léa, elle, n'était pas convaincue. Un petit détail comme celui-ci, dans une affaire aussi mystérieuse, ne pouvait être négligé. Il devait signifier quelque chose, peut-être un indice sur la personne qui avait commis ce crime.

— Nous allons l'emmener au labo, dit-elle. On verra bien.

De retour au commissariat, Léa se précipita vers son ordinateur et ouvrit les archives de l'ancien dossier d'Hugo Mareuil. La victime semblait avoir eu une carrière sans accrocs au départ, mais en scrutant plus attentivement ses anciens clients et ses affaires, un schéma inquiétant se dessina. Il avait été impliqué dans plusieurs affaires de défense de petites entreprises, mais aussi de clients aux profils douteux. Ce qui la frappa, cependant, c'était le nom récurrent d'un certain **Gérard Levesque**, un homme qu'elle avait déjà rencontré lors de ses premières années de service en tant que détective. Il avait des antécédents criminels, impliqué dans une affaire de blanchiment d'argent pour des cartels internationaux. Mais son nom avait disparu des radars depuis un certain temps.

— Adrien, regarde ça, dit-elle en tendant l'imprimé à son collègue. Ce type, Gérard Levesque, était l'un des clients réguliers de Mareuil. Et, regarde, il a disparu de la circulation il y a trois ans. Tu te souviens de lui, non ?

Adrien prit le dossier et parcourut rapidement les notes.

— C'est un escroc de haut vol. Leveque a toujours joué dans l'ombre. Il a disparu, mais il n'a jamais été arrêté. Et maintenant, Mareuil, l'avocat qui le défendait, se fait tuer. Si Levesque est toujours en vie, on doit se demander pourquoi il a disparu et s'il est lié à ce meurtre.

Léa acquiesça. Les pièces du puzzle commençaient à se rassembler lentement, mais pas assez vite pour qu'elle puisse les assembler totalement.

Elle regarda l'horloge sur le mur. Il était déjà tard, et elle savait que la journée ne ferait que rendre les réponses plus insaisissables. Mais quelque chose lui disait que cette affaire ne se terminerait pas de sitôt. Au contraire, elle en était à peine au début.

Elle ferma son ordinateur, leva les yeux et dit à Adrien :

— On va devoir aller à la recherche de Levesque. Je suis prête à parier qu'il connaît la réponse à toutes nos questions.

Le calme du commissariat était assommant alors que Léa et Adrien se préparaient à partir. Mais avant qu'ils ne franchissent la porte, une jeune policière entra précipitamment, un dossier à la main.

— Inspectrice, il y a… il y a quelque chose que vous devez voir. Un témoin vient de se manifester. Il affirme avoir vu quelqu'un fuir le parc juste avant la découverte du corps.

Léa se redressa instantanément. Ce qu'elle espérait était enfin en train d'arriver : le témoignage qui viendrait peut-être tout remettre en question.

— Faites-le entrer, dit-elle d'un ton plus ferme qu'elle ne l'avait voulu.

Le mystère venait peut-être enfin de trouver une première brèche.

Chapitre 4 : La Voix du Témoin

Le commissariat de Saint-Morvan était un bâtiment vieux de plusieurs décennies, sa façade en pierre usée témoignant des multiples enquêtes qui s'étaient succédé dans ses murs. Mais en ce moment précis, l'air y était chargé de tension. Léa, les bras croisés et le regard perçant, attendait dans une petite salle d'interrogatoire. À sa gauche, Adrien tapotait nerveusement son stylo, jetant des regards furtifs vers la porte. Le témoin qu'ils avaient convoqué venait d'arriver, et il était maintenant temps de découvrir ce qu'il avait vu cette nuit-là, au cœur du parc.

Le témoin, un homme dans la trentaine, semblait nerveux. Il portait une vieille veste en cuir, trop grande pour lui, et ses mains tremblaient légèrement lorsqu'il les posa sur la table. Il jeta un regard furtif à Léa et Adrien, comme s'il cherchait à déterminer s'il pouvait leur faire confiance.

— Prenez votre temps, dit Léa d'une voix calme mais ferme. Nous sommes là pour comprendre ce qui s'est passé, pour vous aider à faire toute la lumière sur cette affaire.

L'homme hocha la tête et se lança.

— Je… je suis arrivé au parc hier soir, bien après la tombée de la nuit. Je fais souvent une petite promenade, vous savez, pour me détendre après le travail. Et… c'est là que je l'ai vu. Un homme, dans la pénombre, près de l'étang. Il portait un manteau sombre, et il marchait d'un pas rapide. Je l'ai à peine vu, mais je suis sûr qu'il a vu quelque chose. Il s'est arrêté brusquement en me croisant, m'a regardé droit dans les yeux, puis il a disparu dans la direction de l'autre côté du parc.

Léa et Adrien échangèrent un regard. Ce témoignage n'apportait pas encore la réponse qu'ils espéraient, mais c'était un début. Quelqu'un d'autre avait été là cette nuit-là. Et s'il avait vu quelque chose, c'était peut-être lui qui détenait la clé du mystère.

— Vous êtes sûr que cet homme avait l'air suspect ? demanda Adrien. Avez-vous pu voir ses traits ?

Le témoin baissa les yeux, visiblement agité par la question.

— Non, il était trop loin, trop rapide. Il avait un chapeau, un grand chapeau qui lui masquait en partie le visage. Mais je suis certain qu'il m'a vu. Il a baissé son regard sur moi, comme s'il cherchait à savoir si je l'avais remarqué. Et puis… il a disparu. C'était… étrange.

— Vous n'avez rien entendu d'autre ? Rien qui pourrait nous aider ? insista Léa.

— Non, rien, répondit l'homme, sa voix s'éteignant presque sous la pression. Je suis parti après ça. Mais je suis sûr qu'il y avait quelque chose de pas normal, comme une… comme une présence étrange. Comme si cet homme savait quelque chose que je ne savais pas. Comme s'il était là pour un autre but que la simple promenade.

Léa le fixa un instant, absorbant chaque mot qu'il prononçait. Il y avait quelque chose dans son attitude qui ne correspondait pas à la simple nervosité d'un témoin. Il semblait… perturbé, comme si le seul fait de se rappeler de cette rencontre le ramenait à un état de trouble plus profond.

— Est-ce que vous avez vu ce même homme avant, ou est-ce la première fois ? demanda Léa, son regard acéré.

— Non, c'était la première fois, assura-t-il. Mais… je crois que j'ai vu ce manteau quelque part. Ce n'est pas le genre de manteau qu'on voit souvent. Il avait l'air vieux, usé. Et il semblait… trop grand pour l'homme qui le portait. C'est ça qui m'a frappé. Comme s'il avait été pris dans un autre temps.

Léa sentit une lueur d'intérêt s'allumer dans son esprit. Un manteau usé, trop grand. Ce détail résonnait. Il y avait quelque chose de familier là-dedans, mais quoi exactement ?

— Merci pour votre témoignage, dit-elle doucement, mais fermement. Nous allons vérifier vos informations. Vous pouvez partir maintenant.

L'homme se leva précipitamment, presque soulagé de quitter la pièce. Mais avant de sortir, il s'arrêta une dernière fois et se tourna vers eux.

— Si… si je vous ai dit tout ce que je savais, c'est parce que je veux être tranquille. Parce que je ne veux pas que ça me hante. Mais je suis sûr qu'il y a quelque chose de plus là-dessous. Je sens que c'est plus gros que ce que j'ai vu.

Léa le regarda partir sans un mot, se demandant ce qu'il avait voulu dire par "plus gros". Adrien s'approcha d'elle, jetant un dernier coup d'œil à la porte derrière laquelle le témoin venait de disparaître.

— Il a dit qu'il "sentait" quelque chose, mais il n'a pas l'air d'avoir vu grand-chose, non ? Ce manteau… tu crois que ça a vraiment de l'importance ?

Léa réfléchit un instant.

— Ce manteau, oui. C'est un détail qui pourrait être lié à la victime. Ou à quelqu'un d'autre. Il faut creuser là-dedans. Et surtout… Il faut qu'on trouve cet homme.

En sortant de l'interrogatoire, Léa et Adrien se rendirent à leur voiture, enfilant leur manteau contre le vent frais du matin. La journée commençait à s'étirer, mais l'affaire restait aussi complexe qu'au matin précédent.

Léa consulta son téléphone, et c'est là que la surprise survint. Un appel manqué. Un numéro privé.

— Tu penses que ça pourrait être Leclair qui veut nous faire une nouvelle révélation ? demanda Adrien, tout en démarrant la voiture.

Léa haussait les épaules, sceptique, mais elle ne put se retenir de rappeler le numéro. Elle attendit quelques tonalités, puis quelqu'un décrocha.

— Oui ? répondit une voix rauque, presque inaudible.

— Ici l'inspectrice Léa Morel, commissariat de Saint-Morvan. Je voulais savoir si vous aviez des informations concernant l'affaire Mareuil.

La personne à l'autre bout de la ligne resta silencieuse pendant un moment.

— Vous cherchez des réponses, mais ce n'est pas si simple. Vous vous approchez du feu, vous allez finir par vous brûler. Faites attention. Ne creusez pas trop.

La ligne se coupa brusquement.

Léa resta figée. Le message était clair, mais il soulevait davantage de questions qu'il n'y apportait de réponses. Qui avait appelé ? Et pourquoi cette mise en garde si énigmatique ?

Elle se tourna vers Adrien, un air déterminé sur le visage.

— Quelque chose ne va pas dans cette affaire. Et on ne va pas s'arrêter là.

La suite de l'enquête allait s'intensifier, car à chaque réponse, de nouvelles questions se levaient. Le témoin, le manteau, l'appel mystérieux… Tout était lié, mais il fallait encore trouver comment. La découverte du symbole et l'ombre d'un secret plus ancien se dessinaient peu à peu, et Léa se sentait de plus en plus emportée dans un tourbillon de mystères et de menaces qui la poussait à risquer tout pour comprendre ce qui se cachait derrière le meurtre d'Hugo Mareuil.

Elle savait qu'elle n'était qu'au début du chemin. Mais à chaque minute qui passait, les enjeux devenaient plus personnels. Elle était en train de jouer avec quelque chose de bien plus dangereux que ce qu'elle avait imaginé. Et cet appel n'était qu'un avertissement.

Mais l'histoire ne faisait que commencer.

Chapitre 5 : Les Secrets de l'Ombre

Le téléphone de Léa n'avait pas cessé de sonner depuis l'appel énigmatique. Mais elle avait fait le choix de ne pas rappeler ce numéro privé. Cela faisait trop de mystères non résolus à la fois, et elle n'avait pas l'habitude de se laisser troubler par des menaces voilées. Cependant, ce message continuait de résonner dans son esprit : "Vous vous approchez du feu, vous allez finir par vous brûler." Quelqu'un savait quelque chose, mais qui ? Et pourquoi ce conseil désobligeant ? En toute logique, elle savait qu'il ne fallait pas ignorer ce genre d'avertissement. L'appel était trop précis, trop… personnel. Le mystère ne faisait que se densifier.

Le lendemain matin, alors que le ciel restait gris et que la brume s'était accrochée aux rues de Saint-Morvan comme une chape de plomb, Léa arriva au commissariat avec une idée précise en tête. Elle devait se concentrer sur les éléments nouveaux qui se dessinaient peu à peu et sur la manière dont les différents indices semblaient converger, même si ces connexions restaient floues.

Les archives sur Gérard Levesque étaient éparses, presque effacées. Après des années d'évasion, l'homme avait disparu, mais son nom semblait, d'une manière ou d'une autre, être lié à ce meurtre. Léa pensait à l'appel. Et à ce manteau, mentionné par le témoin, qui restait l'un des seuls éléments tangibles.

Léa n'avait pas perdu de temps. Elle avait envoyé Adrien sur le terrain pour enquêter sur le manteau du témoin. Ce vêtement, trop grand, trop usé, semblait une piste cruciale. Peut-être qu'il appartenait à la victime, ou à quelqu'un d'autre lié à lui. Une trace physique. Une preuve tangible qui pourrait faire tomber le masque de l'assassin. Adrien était allé consulter les magasins de vêtements d'occasion, les friperies et les petites annonces. Mais après deux jours de recherches, il n'avait rien trouvé. Aucun manteau correspondant à la description.

Léa secoua la tête, frustrée. Le témoin n'avait pas menti, mais peut-être que ce détail n'était pas aussi décisif qu'ils l'avaient pensé. Elle se rappela cependant que parfois, dans ce genre d'enquête, les détails anodins devenaient les indices les plus importants. Elle se perdit dans ses pensées pendant un instant, mais se reprit vite. Il fallait avancer.

Alors que l'après-midi battait son plein, Léa se rendit à l'ancien quartier de Levesque. Ce dernier, bien qu'étant un criminel notoire, avait possédé un appartement à quelques rues du centre-ville, dans un immeuble vieillissant et mal entretenu. Elle s'y rendit seule, sans rien dire à Adrien. Il était occupé à examiner des témoignages de voisins, mais Léa avait besoin d'un moment seule, de prendre la température de cet endroit.

Le quartier était presque un fantôme. Des bâtiments délabrés, des ruelles sombres et des fenêtres barricadées témoignaient d'un endroit autrefois animé, mais aujourd'hui oublié de tous. Léa s'arrêta devant l'immeuble de Levesque, une vieille bâtisse à l'apparence poussiéreuse. L'intérieur n'était pas mieux : les murs étaient marqués de graffitis et les halls dégageaient une odeur de moisissure. Elle monta les étages avec une lenteur déterminée, observant chaque détail, comme si l'immeuble tout entier avait un secret à révéler.

En arrivant au dernier étage, elle aperçut un vieux porte-clefs abandonné dans un coin. À côté de lui, une plaque de métal usée portait le nom de "Gérard Levesque". Le nom était gravé de manière quasi illisible, comme si le temps l'avait effacé. Elle s'approcha de la porte, frappa brièvement et entra après avoir entendu un faible "entrez".

A l'intérieur, un appartement désert. Un espace où le mobilier était soit inutilisé, soit laissé à l'abandon. L'appartement semblait n'avoir pas été habité depuis des années. Léa s'avança prudemment, jetant un œil aux coins, aux tiroirs laissés ouverts. Elle avait déjà exploré des lieux similaires par le passé, mais quelque chose dans cet endroit semblait différent. Ce n'était pas seulement un appartement vide. C'était une mémoire décomposée, un lieu où le passé laissait des traces invisibles.

Elle s'approcha de la fenêtre et aperçut, sous une épaisse couche de poussière, un document abandonné. Une feuille froissée. Elle la ramassa et la déplia avec soin. C'était un vieux contrat, signé en 2015. En haut, le nom d'Hugo Mareuil apparaissait, ainsi que celui de Gérard Levesque, avec un accord qui semblait relatif à un projet immobilier. Le contrat était incomplet, un coin déchiré indiquant qu'il avait été mal rangé. Léa se mordilla la lèvre inférieure, un sentiment étrange l'envahissant. Pourquoi cet accord n'avait-il jamais été mentionné dans les dossiers de Mareuil ?

Elle photographia le document avec son téléphone, puis chercha d'autres indices. Un tiroir ouvert attira son attention, et c'est là qu'elle trouva quelque chose d'encore plus troublant : une carte de visite, frappée d'un symbole étrange. C'était un symbole qu'elle avait déjà vu quelque part… quelque part de bien plus ancien. Un cercle, coupé en deux par une ligne oblique, avec deux petits cercles en bas, comme des yeux. Le même symbole que celui retrouvé sur le poignet de la victime.

Léa serra les dents. Cela confirmait ses pires soupçons : Levesque n'était pas qu'un simple criminel de bas étage. Il était peut-être lié à quelque chose de bien plus grand. Et il semblait qu'Hugo Mareuil en faisait partie.

Alors que Léa sortait de l'appartement, la tête pleine de nouveaux soupçons et de révélations, elle aperçut un visage familier au coin de la rue. C'était **Paul Lambert**, le gardien de l'Étang Noir. Il semblait la chercher, les yeux inquiets. Léa s'approcha de lui.

— Qu'est-ce qui se passe ? demanda-t-elle.

Paul regarda autour de lui, s'assurant qu'aucune oreille indiscrète ne les écoutait.

— J'ai quelque chose à vous dire. J'ai trouvé quelque chose près de l'étang, la nuit du meurtre. Un carnet. Il n'est pas à moi, et je n'ai pas voulu m'en mêler, mais… vous devez le voir. C'est important, je le sens.

Léa fronça les sourcils, mais n'hésita pas. L'histoire de Paul semblait parfaitement innocente, mais ce qu'il avait trouvé était certainement un indice crucial. Elle suivit l'homme dans une ruelle étroite, où il lui tendit un petit carnet en cuir.

Elle le prit et l'ouvrit. À l'intérieur, il y avait des notes, des croquis, des dates et des noms, certains sous forme de codes et d'autres plus explicites. Mais une chose était évidente : ce carnet appartenait à quelqu'un de profondément impliqué dans une affaire bien plus vaste que le meurtre d'Hugo Mareuil.

Léa se tourna vers Paul.

— Où avez-vous trouvé ce carnet ?

— Il était sous un buisson près de l'étang, répondit-il d'un ton nerveux. Je pensais que ça ne pouvait pas être important. Mais ce matin, je me suis rendu compte que… que ça pourrait être la clé.

Le mystère se densifiait à chaque minute. Entre l'accord secret entre Mareuil et Levesque, les symboles récurrents et les nouvelles découvertes de Paul Lambert, l'enquête prenait des tournures imprévisibles. Mais une chose était certaine : Léa était désormais plongée au cœur d'un complot qui s'étendait bien au-delà de ce qu'elle avait imaginé.

Elle ferma le carnet, la détermination dans le regard. Rien ne pourrait l'arrêter maintenant. Les réponses étaient là, mais elles étaient bien cachées, et il fallait bien plus que de simples indices pour les déterrer.

Chapitre 6 : Les Ombres du Passé

Le ciel au-dessus de Saint-Morvan était d'un bleu pâle, presque irréel. Le vent léger soufflait entre les bâtiments anciens, portant avec lui l'odeur du pain chaud venant de la boulangerie du coin. Pourtant, pour Léa, ce jour-là n'avait rien de paisible. La découverte du carnet près de l'étang avait provoqué une onde de choc dans l'enquête. Ce petit objet en cuir, si insignifiant en apparence, contenait des secrets qui allaient bien au-delà de ce qu'elle aurait pu imaginer. Elle se tenait désormais à un carrefour entre la vérité et le silence, et chaque décision qu'elle prendrait risquait de la mener sur un chemin encore plus sombre.

Adrien était dans son bureau, en train d'examiner les dernières photographies qu'ils avaient prises dans le quartier de Levesque. Il avait jeté un coup d'œil au carnet, mais ne semblait pas comprendre son importance. Léa savait que l'étrangeté du carnet n'était pas le seul problème. C'était la mention de symboles et de codes qui la perturbait, des éléments qui rappelaient les anciennes enquêtes sur des sociétés secrètes ou des réseaux souterrains, des groupes dont personne ne parlait jamais, mais dont les membres agissaient dans l'ombre. Et il y avait cette histoire avec Gérard Levesque, cet ancien criminel lié d'une manière ou d'une autre à Hugo Mareuil. Les pièces du puzzle se mettaient en place lentement, mais leur complexité laissait présager une vérité bien plus sombre.

Ce soir-là, après une journée d'investigations qui n'avait donné que peu de résultats concrets, Léa décida de se rendre à l'étang. La nuit était tombée sans crier gare, plongeant les lieux dans une obscurité dense, brisée seulement par les quelques réverbères dispersés autour de l'eau. La brume, persistante, semblait se soulever lentement, comme une couverture qui se retirait pour révéler un spectacle macabre. Le calme était étrange, presque oppressant. Léa n'était pas superstitieuse, mais ce soir-là, elle sentit une présence dans l'air, comme si quelque chose, ou quelqu'un, l'observait depuis l'ombre.

Elle s'avança vers l'endroit où Paul Lambert avait trouvé le carnet. L'étang était d'une tranquillité presque surnaturelle, les seules perturbations étant les rares ondulations de l'eau, causées par un léger courant. Mais Léa savait que ce n'était pas ce qu'elle cherchait. Ce n'était pas l'étang en soi qui était important, mais ce qui avait été caché ici. Elle se pencha au bord de l'eau, regardant les reflets flous des arbres environnants. Le carnet, cette petite pièce de cuir noire, lui semblait maintenant bien plus lourd qu'au moment où elle l'avait pris dans ses mains. Elle n'avait pas encore pris le temps de l'étudier minutieusement. Elle avait trop de questions, trop de pistes floues qui se chevauchaient. Mais il y avait un sentiment, une intuition presque palpable, qui lui disait que ce carnet contenait la clé. Une clé vers quelque chose de plus grand, de plus ancien.

Un bruit la fit sursauter. Elle tourna rapidement la tête. À quelques mètres derrière elle, une silhouette venait d'apparaître dans la brume. Un homme, grand, vêtu d'un manteau sombre. Il se tenait là, immobile, comme s'il l'observait depuis un certain temps. Léa sentit une montée d'adrénaline. Elle n'avait pas entendu de pas, rien qui aurait pu prévenir son arrivée. Mais ce qui la troubla le plus, c'était cette sensation de déjà-vu, comme si elle connaissait cet homme, comme si elle l'avait vu quelque part, sans savoir exactement où.

Il ne bougeait toujours pas, et Léa se sentit soudain vulnérable. Ses instincts lui disaient de fuir, de se retourner et de partir d'un coup. Mais au lieu de cela, elle se redressa lentement et observa l'homme, cherchant à discerner quelque chose dans son visage, un indice qui pourrait lui permettre de comprendre qui il était. Finalement, l'homme brisa le silence.

— Vous cherchez des réponses, n'est-ce pas ? dit-il d'une voix basse, presque étouffée par la brume.

Léa n'eut pas le temps de répondre. L'homme fit quelques pas en avant, s'approchant d'elle avec une lenteur presque calculée, comme s'il était sûr de son pouvoir. Il s'arrêta à quelques pas d'elle, suffisamment près pour qu'elle sente une tension palpable, mais pas assez pour l'étouffer. Ses yeux brillaient dans l'obscurité.

— Je ne suis pas là pour vous nuire, dit-il d'une voix plus douce. Mais vous devriez savoir, inspectrice, que certaines vérités ne sont pas faites pour être révélées. Et les gens qui cherchent à comprendre plus que ce qu'ils doivent savent trop bien ce qui leur arrive.

Léa, bien que prise de court, ne céda pas à la peur. Elle n'était pas une simple spectatrice dans cette affaire, elle en était l'actrice principale. D'une voix calme, elle répondit :

— Et vous, vous en savez quelque chose, n'est-ce pas ? Vous êtes au courant de ce qui se cache dans cette ville, derrière ce meurtre. Dites-moi ce que vous savez.

L'homme la fixa longuement, comme s'il mesurait ses mots. Puis, dans un mouvement brusque, il tourna le dos et s'éloigna sans dire un mot. Léa resta figée quelques secondes, les yeux rivés sur sa silhouette qui se fondait peu à peu dans la brume.

Elle n'avait pas obtenu de réponse, mais elle était maintenant plus que jamais convaincue que cet homme faisait partie de quelque chose de bien plus vaste. Peut-être que cet avertissement était réel, mais cela ne l'arrêterait pas. Elle devait savoir, quoi qu'il en coûte.

Léa retourna chez elle tard dans la nuit, les pensées enchevêtrées. Elle se jeta sur le carnet qu'elle avait posé sur sa table. La lumière de la lampe, pâle et tremblotante, donnait au carnet une allure presque sacrée. Elle tourna les pages lentement, cette fois avec une attention extrême. Il y avait des notes à l'intérieur, comme elle l'avait déjà remarqué. Mais ce qui la frappait, c'était la précision avec laquelle certains éléments étaient écrits. Des dates, des heures, des noms. Et au bas de chaque page, un même symbole. Ce cercle divisé, ces deux petits cercles comme des yeux. La répétition de ce signe était tout sauf anodine. Il y avait une signification derrière, une clé qui échappait encore à son esprit.

Elle s'arrêta sur une page, prise de vertige. Un nom était inscrit : **"Le Cercle de l'Ombre"**. Ce nom, elle l'avait déjà entendu quelque part. Une vieille légende, un murmure parmi les anciens du quartier. Elle se souvint de son propre père, qui lui avait raconté des histoires étranges quand elle était enfant. Des histoires sur des sociétés secrètes, des conspirations oubliées. Peut-être que ces histoires étaient plus qu'une simple légende. Peut-être qu'elles étaient réelles.

Léa ferma les yeux un instant, laissant l'air frais de la nuit pénétrer la pièce par la fenêtre ouverte. Elle savait désormais que l'enquête venait de franchir une nouvelle étape. Elle n'était plus seule à chercher la vérité. D'autres, dans l'ombre, l'observaient également. Et ils n'avaient aucune intention de la laisser découvrir ce qu'ils avaient caché.

Ce qu'elle ignorait encore, c'était qu'elle venait de mettre un pied dans un monde qui allait bouleverser sa vie à jamais. Les pièces du puzzle s'imbriquaient lentement, mais l'image qui se formait était aussi étrange que terrifiante. L'histoire du meurtre de Mareuil n'était qu'un prélude, une ouverture vers un univers où le danger rôdait à chaque coin de rue, dans chaque recoin de l'histoire de Saint-Morvan.

Léa se leva, déterminée. Elle savait maintenant que le Cercle de l'Ombre était bien plus qu'un simple nom. C'était la clé de tout. Et elle allait tout faire pour découvrir ce qu'il représentait.

Chapitre 7 : Les Échos du Passé

L'air du matin était frais, et pourtant, Léa avait l'impression que la température s'était abattue sur elle comme un poids. Le ciel était clair, mais son esprit était brumeux, pris dans une toile de mystères et d'énigmes qui se resserraient autour d'elle. Le carnet en cuir qu'elle avait trouvé à l'étang continuait de la hanter. Elle n'avait pas pu s'empêcher d'y penser toute la nuit, repassant les symboles, les mots, les noms. Elle avait l'intuition que ce carnet ne contenait pas simplement des indices ; il contenait un avertissement. Un avertissement que quelqu'un voulait qu'elle ignore. Mais elle n'était pas du genre à se laisser intimider.

Ce matin-là, elle avait décidé de passer à l'action. Elle se rendit à la bibliothèque municipale, un lieu souvent négligé mais qui, selon elle, recelait des informations qui pourraient faire toute la différence. La vieille bibliothèque, avec ses rayonnages poussiéreux et ses étagères en bois qui craquaient sous le poids des livres, semblait une forteresse de savoirs oubliés. Léa savait que certaines réponses se cachaient là, dans les archives, au cœur des ouvrages qui traitaient des anciennes légendes locales.

Elle se dirigea d'abord vers la section historique. Il lui avait été rapporté que le nom du "Cercle de l'Ombre" n'était pas tout à fait inconnu dans la région. Certains anciens de la ville en parlaient à demi-mot, murmurant des histoires à propos de sociétés secrètes et de complots ayant traversé les générations. Mais ces histoires, comme toujours, étaient noyées sous une couche de silence, de peur. Peu de gens osaient y faire référence de manière ouverte. Et pourtant, Léa avait l'intime conviction que cette organisation était liée à ce meurtre. Mais comment, et pourquoi, elle ne le savait pas encore.

Elle se mit à feuilleter de vieux manuscrits et des archives jaunies par le temps. Les heures passaient, et ses yeux se perdaient dans les pages, dans les récits et les descriptions de la ville au fil des siècles. Puis, une mention attira son attention. Une vieille note, écrite à la main, dans un coin d'un livre oublié sur l'histoire du village.

« Le Cercle de l'Ombre. Ceux qui tiennent les ficelles du destin de Saint-Morvan, ceux qui dictent les choix de ceux qui gouvernent. Personne n'a jamais pu défaire leur influence. »

Léa s'arrêta en pleine lecture. Elle survola la page, puis y revint. Quelque chose dans cette phrase la perturbait. Les "ficelles du destin", "ceux qui gouvernent". Cela faisait écho à des choses qu'elle avait entendues, à des noms qu'elle avait croisés. Était-ce une simple légende, ou une vérité oubliée que l'on voulait enterrer ?

Elle continua sa recherche, plus déterminée que jamais. Peu à peu, les pièces du puzzle commençaient à se former, mais elles restaient imprécises, floues. Les connexions étaient là, mais chaque élément manquait de consistance. Le nom de Gérard Levesque réapparaissait, parfois à travers des notes dans les registres des archives, parfois dans des récits plus anciens, mais il semblait toujours lié à ce même cercle mystérieux. Et si Levesque était simplement un pion dans un jeu plus vaste ? Un outil entre les mains d'un groupe qui avait agi dans l'ombre depuis des décennies, peut-être plus longtemps encore.

La bibliothèque ferma ses portes à la fin de l'après-midi, et Léa dut s'arrêter. Mais elle avait déjà une idée plus précise de ce qu'elle recherchait. Elle savait maintenant que les réponses ne viendraient pas des témoignages de voisins ou des enquêtes classiques. La vérité était cachée dans l'histoire de la ville, dans les archives que personne n'osait revisiter.

Le lendemain, elle décida de rendre visite à l'un des derniers habitants du quartier de Saint-Morvan qui avait vécu les événements des années précédentes. Elle s'était renseignée sur une vieille dame nommée Jeanne Lemoine, une historienne locale qui, à l'époque, avait étudié les anciennes sociétés secrètes de la région. Elle vivait seule dans une maison isolée, en bordure de la forêt. L'endroit était calme, presque trop calme, et l'atmosphère qui régnait dans la maison de Jeanne ressemblait à celle d'un musée. Chaque objet, chaque meuble semblait figé dans le temps, comme une relique du passé.

Jeanne Lemoine était âgée, mais son regard était toujours vif, et elle n'avait pas perdu de sa verve. Elle accueillit Léa avec une curiosité mêlée de méfiance.

— Vous cherchez des réponses, mademoiselle ? demanda Jeanne avec un sourire discret.

Léa s'installa dans le salon, son regard scrutant les étagères pleines de livres et de journaux anciens. Elle lui expliqua brièvement l'enquête, en mentionnant le "Cercle de l'Ombre" et le rôle que ce groupe semblait jouer dans l'histoire de Saint-Morvan. Jeanne la regarda attentivement, comme si elle évaluait la gravité de ses mots.

— Ah, le Cercle de l'Ombre… Vous savez, il y a des choses qu'on ne raconte pas. Des histoires qu'on garde pour soi, pour ne pas déranger l'ordre des choses. Mais il est vrai que ce cercle a toujours été là, invisible, en arrière-plan, tirant les ficelles de tout ce qui se passe dans cette ville. Mais vous devez comprendre, mademoiselle, qu'il est dangereux de s'aventurer trop loin dans ce passé. Les gens qui ont voulu remonter à la vérité n'ont jamais eu une fin heureuse.

Jeanne marqua une pause, son regard se perdant dans la cheminée éteinte. Léa sentit que quelque chose clochait, que la vieille dame savait plus qu'elle ne le laissait entendre. Elle décida de pousser la conversation.

— Mais pourquoi ? Pourquoi ce silence ? Quel pouvoir détient ce cercle ?

Jeanne tourna son regard vers elle, un éclair d'avertissement dans ses yeux. Elle se leva lentement, se dirigeant vers une vieille commode en bois massif, dont le dessus était recouvert de poussière. Elle en sortit un petit carnet, identique à celui que Léa avait trouvé à l'étang. Un carnet de cuir usé, avec des symboles gravés en bas de chaque page. Jeanne le tendit à Léa.

— Si vous voulez vraiment savoir, il vous faudra comprendre ce que ça représente. Le Cercle de l'Ombre n'est pas un simple groupe. C'est un héritage. Un héritage que la ville, les habitants, veulent oublier. Mais certaines vérités ne peuvent pas être effacées.

Léa prit le carnet avec précaution, sentant le poids de son histoire. Elle savait qu'elle venait de découvrir quelque chose de bien plus grand que ce qu'elle imaginait. Elle n'était plus seulement à la recherche d'un meurtrier. Elle était sur le point de percer un mystère qui avait traversé les générations.

Quand Léa sortit de la maison de Jeanne, la nuit était déjà tombée. Le carnet dans sa main semblait vibrer d'une énergie étrange. Elle avait l'impression qu'il était plus qu'un simple objet. Il était une porte, une porte vers des secrets enfouis. Et maintenant, elle devait savoir ce que ces secrets dissimulaient, avant que d'autres ne le découvrent à sa place.

Chapitre 8 : Les Secrets Enfouis

La nuit avait enveloppé la ville de Saint-Morvan dans un voile d'obscurité, seulement perturbé par les réverbères solitaires qui diffusaient une lumière pâle, presque spectrale. Léa marchait d'un pas rapide, son esprit encombré par les révélations du jour. Le carnet que Jeanne Lemoine lui avait donné semblait brûler dans sa poche, son cuir usé et ses symboles énigmatiques ne cessant de l'appeler. Elle n'avait qu'une hâte : rentrer chez elle et étudier le carnet en profondeur, mais quelque chose dans l'air de cette ville la perturbait. Une présence invisible semblait l'observer à chaque coin de rue, comme si des yeux invisibles suivaient son moindre mouvement.

En passant devant l'hôtel de ville, son regard se posa sur la façade imposante du bâtiment, sur les fenêtres sombres et silencieuses. Elle s'arrêta un instant, son regard glissant sur les pierres anciennes, imprégnées des souvenirs d'un passé qu'elle commençait à peine à effleurer. L'hôtel de ville, comme le reste de la ville, semblait figé dans le temps, un monument aux secrets qu'elle n'avait pas encore découverts. Mais elle savait maintenant que ces secrets étaient bien réels. Le Cercle de l'Ombre n'était pas une légende, pas une histoire ancienne destinée à effrayer les enfants. C'était une organisation vivante, prête à tout pour garder son pouvoir intact.

Arrivée chez elle, Léa referma la porte derrière elle, verrouillant soigneusement les fenêtres comme à son habitude. Ce soir-là, elle n'avait pas l'intention de dormir. Elle s'assit à son bureau, son cœur battant à l'idée de ce qu'elle allait découvrir. Le carnet était là, posé devant elle, et chaque page semblait être un appel à l'aventure, une invitation à franchir une ligne qu'elle ne pouvait plus ignorer. Elle le prit entre ses mains, le feuilletant doucement. Les symboles gravés sur la couverture étaient les mêmes que ceux qu'elle avait vus à l'étang et dans les notes de Jeanne. Chaque page du carnet était remplie de mots codés, de dates mystérieuses, de noms et de lieux qui se croisaient et se mêlaient, mais aucun indice clair ne semblait se dégager.

Léa savait qu'elle devait faire appel à l'expertise d'un autre. Le code qu'elle avait devant elle n'était pas simplement un mélange de lettres et de chiffres. Il s'agissait d'une clé secrète, probablement liée à des événements très anciens, dont les traces s'étaient perdues dans les méandres de l'histoire. Elle décida de contacter Marc Lemoine, le fils de Jeanne, un ancien cryptographe devenu professeur dans une université voisine. Marc était réputé pour sa capacité à déchiffrer les codes les plus complexes. Mais Léa savait qu'elle n'avait pas le choix. Elle n'allait pas pouvoir résoudre seule ce mystère.

Elle lui laissa un message sur son répondeur, lui expliquant brièvement la situation et lui demandant de la rappeler au plus vite. En attendant sa réponse, elle décida de faire une pause et d'aller prendre un peu d'air. Elle se rendit dans le parc, près de l'étang où tout avait commencé. L'obscurité du soir s'était épaissie autour d'elle, créant une ambiance oppressante. Le parc était désert, à l'exception d'un banc où un homme semblait perdu dans ses pensées. Il était là, presque invisible dans la pénombre, mais quelque chose dans son attitude attira l'attention de Léa. Elle s'approcha discrètement, mais l'homme la remarqua avant qu'elle n'eût le temps de se cacher. Il se tourna lentement vers elle, son regard glacial pénétrant la brume.

— Vous cherchez toujours la vérité, inspectrice ? dit-il d'une voix basse, presque un murmure.

Léa se figea, son sang se glaçant dans ses veines. C'était lui. L'homme qu'elle avait vu près de l'étang quelques jours auparavant. Il était là, dans la même posture, comme s'il l'avait attendue. Son cœur s'emballa, mais elle ne montra aucune faiblesse. Elle le fixa droit dans les yeux.

— Qui êtes-vous ? demanda-t-elle, sa voix trahissant à peine son inquiétude.

L'homme sourit, un sourire mince, sans joie.

— Vous n'êtes toujours pas prête à comprendre, n'est-ce pas ? Ce que vous cherchez ne doit pas être trouvé, inspectrice. Mais il est déjà trop tard. Vous êtes impliquée maintenant. Et vous ne pouvez plus reculer.

Avant qu'elle ne puisse répondre, il se leva soudainement et s'éloigna dans la brume, disparaissant aussi vite qu'il était apparu. Léa resta là, les yeux fixés sur le point où il avait disparu, une sensation étrange montant en elle, un pressentiment de danger imminent. Pourquoi cet homme semblait-il la suivre partout où elle allait ? Qui était-il, et pourquoi semblait-il si bien connaître l'enquête ?

Elle retourna chez elle précipitamment, un malaise grandissant dans sa poitrine. Le carnet semblait plus lourd que jamais. Elle n'avait pas le choix.

Il fallait qu'elle résolve ce code, et vite. Marc Lemoine l'appela finalement. Après une brève explication, il lui donna rendez-vous le lendemain dans un café discret de la ville.

Le lendemain, Léa se rendit au café où elle retrouva Marc, un homme dans la quarantaine, aux cheveux grisonnants, au regard perçant. Il avait toujours ce visage calme, presque détaché, mais aujourd'hui, il semblait préoccupé. Il observa attentivement le carnet que Léa lui tendit, son regard scrutant les symboles avec une concentration totale.

— Ce sont des codes anciens, dit-il enfin, en effleurant du doigt l'un des symboles gravés sur la couverture. Ce genre de cryptage n'est pas courant. Il ressemble à un mélange de différentes traditions : de la numérologie, de l'alchimie et des codes utilisés par les sociétés secrètes. Ce carnet n'est pas qu'un simple journal. C'est un guide, un manuel pour ceux qui veulent comprendre l'histoire cachée de cette ville. Mais il n'a pas été conçu pour être compris facilement.

Marc tourna lentement les pages, murmurant des mots qu'il semblait déchiffrer à haute voix. Puis il s'arrêta net.

— Voilà. C'est une date, dit-il en pointant un passage du carnet. Un jour précis : le 12 novembre 1924. C'est la date d'un événement majeur, un tournant dans l'histoire de Saint-Morvan. Il semblerait que ce soit un point de départ, une clé qui ouvre une porte.

Léa sentit un frisson lui parcourir le dos. Elle avait vu cette date dans plusieurs documents, mais sans vraiment y prêter attention. Maintenant, tout prenait sens. La date n'était pas un simple détail. Elle marquait l'apparition du Cercle de l'Ombre dans les affaires de Saint-Morvan.

— Vous devez comprendre, Léa, poursuivit Marc, que ce cercle n'était pas juste une société secrète comme les autres. C'était une organisation qui manipulait les affaires politiques, économiques et sociales de la ville. Ses membres étaient des figures influentes, des gens dont les noms étaient gravés dans l'histoire officielle, mais qui, en réalité, tiraient les ficelles dans l'ombre.

Léa écoutait attentivement, absorbant chaque mot. Elle avait désormais l'intuition que l'affaire du meurtre de Hugo Mareuil était bien plus qu'un simple crime passionnel ou une vengeance personnelle. C'était le fruit d'un complot beaucoup plus vaste, enraciné dans l'histoire de la ville. Et elle n'était qu'au début de sa quête. Le carnet, le Cercle de l'Ombre, les disparitions mystérieuses, tout s'emboîtait progressivement. Mais l'ombre d'un danger bien plus grand se profilait, et Léa savait que chaque pas qu'elle ferait la rapprocherait davantage d'une vérité qu'elle n'était peut-être pas prête à affronter.

Le jeu venait de commencer, et il était bien plus dangereux qu'elle n'aurait pu l'imaginer.

Chapitre 9 : Les Mains Qui Tiennent les Rênes

Le vent soufflait fort ce matin-là, faisant claquer les branches des arbres dans le parc du centre-ville. Léa marchait d'un pas rapide, son esprit obnubilé par les découvertes récentes. Le carnet de Jeanne Lemoine, désormais bien plus qu'un simple objet mystérieux, semblait abriter des secrets qui allaient bien au-delà de tout ce qu'elle avait pu imaginer. Marc Lemoine lui avait expliqué la nature des symboles, mais cela n'avait fait qu'intensifier ses interrogations. Elle se demandait si le Cercle de l'Ombre n'avait pas été à l'origine de la tragédie qui s'était abattue sur la ville plusieurs décennies auparavant, et si ce même groupe était aujourd'hui responsable de la série de meurtres qu'elle enquêtait.

La date gravée dans le carnet, le 12 novembre 1924, continuait de tourner dans son esprit. Quelque chose de fondamental avait eu lieu ce jour-là, et Léa était convaincue que ce serait la clé pour dénouer l'ensemble du mystère. Elle était maintenant certaine que la ville cachait des pans entiers de son passé, des événements soigneusement dissimulés sous une couche de silence, de peur et de dissimulation. Elle avait besoin d'en savoir plus.

Elle se rendit au commissariat dans l'espoir de trouver des informations qui pourraient l'aider. Une fois arrivée, elle se dirigea vers le bureau de son supérieur, le commissaire Gérard Vasseur, un homme autoritaire mais respecté. Son regard se durcit dès qu'il aperçut Léa. Elle savait que, depuis qu'elle s'était lancée dans cette enquête, il n'avait pas vu d'un bon œil ses méthodes peu orthodoxes et ses recherches personnelles. Mais aujourd'hui, elle n'avait pas l'intention de reculer.

— Vous avez l'air préoccupée, inspectrice, dit-il d'un ton sec, en levant à peine les yeux de ses papiers.

— J'ai trouvé quelque chose d'important, répondit-elle sans détour. Le Cercle de l'Ombre. Il y a des choses que vous ne m'avez pas dites à propos de ce groupe.

Le commissaire releva enfin les yeux, ses sourcils froncés.

— Vous en savez trop, Léa. Ce n'est pas un sujet sur lequel vous devriez vous attarder. Vous êtes déjà allée trop loin. Vous avez vu comment cette ville réagit lorsque des secrets sont exposés.

Léa prit une grande inspiration, son regard déterminé fixé sur lui.

— Ce groupe, il est toujours là, n'est-ce pas ? Il est encore en activité.

Le commissaire resta silencieux pendant un long moment, avant de soupirer profondément.

— Vous n'êtes pas prête pour ça. Le Cercle de l'Ombre a des racines profondes dans cette ville. Les membres, qui qu'ils soient, sont puissants. Et croyez-moi, ils n'hésiteront pas à faire taire ceux qui osent chercher trop loin.

Léa savait que Vasseur lui cachait des choses. Elle l'avait toujours respecté, mais aujourd'hui, il devenait un obstacle. Elle comprenait qu'il avait ses raisons, mais elle n'était pas prête à reculer.

— Je suis prête, Vasseur. Je n'ai pas peur de ce qu'ils peuvent faire. Je veux savoir ce qui se cache derrière tout ça. Pourquoi ils sont toujours là, et quel rôle ils jouent dans cette ville.

Vasseur la fixa un instant, puis se leva brusquement de son bureau, comme s'il hésitait entre lui dire la vérité et la dissuader. Finalement, il se dirigea vers une armoire et en sortit un dossier en cuir usé, qu'il posa sur son bureau. C'était un dossier que Léa n'avait jamais vu, ni même entendu parler.

— C'est tout ce que je peux vous dire, dit-il en lui tendant le dossier. Mais ce ne sera pas sans conséquences.

Léa prit le dossier, le cœur battant. Ce dossier, c'était peut-être la clef. Elle le feuilleta rapidement. À l'intérieur, des copies de rapports anciens, des extraits de journaux, des photos en noir et blanc jaunies par le temps. Une chose attirait particulièrement son attention : une série de réunions secrètes tenues dans les années 1920 et 1930, où des noms influents de la ville étaient mentionnés. Des membres de la haute société, des politiciens, des industriels, tous associés à un même cercle, celui du Cercle de l'Ombre.

Les rapports étaient cryptiques, mais une chose était claire : ce groupe avait organisé une série de manipulations politiques qui avaient marqué l'histoire de la ville, notamment dans l'affaire de la disparition de plusieurs habitants au cours de ces années-là. Léa se souvint de ce que Marc lui avait dit : le Cercle n'était pas simplement une société secrète, mais un réseau d'influence qui se tissait à travers les plus hauts cercles du pouvoir.

— Que savez-vous des disparitions de 1932 ? demanda Léa, en feuilletant le dossier.

Vasseur hésita une seconde avant de répondre.

— C'était l'un des événements les plus tragiques de l'histoire de Saint-Morvan. Mais tout le monde a tout fait pour oublier. Des personnes influentes ont été impliquées dans ces disparitions, et le Cercle de l'Ombre a joué un rôle central dans tout cela. Vous devez comprendre, Léa, que ces affaires sont trop sensibles pour être exhumées. Nous avons tous un prix à payer si nous nous y attaquons.

Léa acquiesça, son esprit déjà en train de faire le lien entre ces événements passés et le meurtre de Hugo Mareuil. La victime semblait avoir découvert quelque chose qu'il n'aurait pas dû. Il avait peut-être mis le doigt sur une vieille affaire qui n'était pas encore enterrée. Les meurtres de ces derniers mois étaient-ils liés aux secrets du Cercle de l'Ombre ? Léa en était de plus en plus convaincue. Et si le meurtre de Mareuil n'était pas un simple crime passionnel, mais le résultat d'un complot plus vaste ?

Alors qu'elle sortait du commissariat, Léa sentait une lourde pression s'abattre sur ses épaules. Elle était maintenant au cœur d'un tourbillon dangereux, et chaque décision qu'elle prendrait la rapprocherait un peu plus des réponses qu'elle cherchait. Mais cela signifiait aussi qu'elle devenait de plus en plus une cible.

Dans les jours qui suivirent, Léa s'efforça de déchiffrer chaque document du dossier, mais les pièces du puzzle restaient désespérément éparpillées. Elle savait qu'elle avait besoin de plus d'informations, et que le temps pressait. Le Cercle de l'Ombre n'attendait pas, et chaque mouvement qu'elle faisait semblait être anticipé.

Elle décida de revoir Jeanne Lemoine, cette vieille dame qui semblait en savoir beaucoup plus qu'elle ne le laissait entendre. Mais à peine eut-elle franchi le seuil de sa porte que l'ambiance dans la maison de Jeanne lui parut étrange. L'atmosphère était lourde, comme si quelque chose avait changé dans l'air. La vieille dame était là, mais son regard n'était plus aussi sûr. Elle semblait inquiète, presque effrayée.

— Vous avez tout compris, n'est-ce pas ? murmura Jeanne, en fermant doucement la porte derrière Léa. Vous avez réveillé quelque chose, mademoiselle, quelque chose qui ne doit pas être réveillé.

Léa se figea, le sang lui glaçant les veines. Elle avait eu l'intuition que la vérité était bien plus dangereuse qu'elle ne l'avait imaginé. Et maintenant, elle en était certaine : elle était sur le point de franchir une ligne qu'elle ne pourrait plus jamais traverser en arrière.

Chapitre 10 : Les Ombres Sont Réelles

L'atmosphère de la maison de Jeanne Lemoine était lourde, presque oppressante. Léa n'avait jamais vu la vieille dame dans cet état. D'habitude, Jeanne semblait être une source de sagesse et de calme, mais aujourd'hui, ses yeux trahissaient une inquiétude profonde. Léa s'approcha doucement, son cœur battant plus vite. Elle n'avait jamais eu cette sensation, comme si l'air autour d'elle était chargé d'un poids invisible, une menace latente qu'elle ne pouvait pas encore identifier.

— Vous avez tout compris, n'est-ce pas ? répétait Jeanne, ses mains tremblant légèrement alors qu'elle s'accrochait à son fauteuil, comme pour se donner une stabilité qu'elle semblait avoir perdue.

Léa n'osa pas répondre tout de suite. Elle ne savait pas ce qu'elle devait comprendre, mais une partie d'elle savait qu'elle était sur le point de découvrir quelque chose qui allait tout changer.

— Que voulez-vous dire ? demanda Léa d'une voix calme mais ferme.

Jeanne leva lentement la tête, ses yeux perçants fixant Léa d'un air presque désespéré.

— Le Cercle de l'Ombre… Ce n'est pas juste une organisation. Ce sont des gens qui, à travers les siècles, ont contrôlé bien plus que la ville. Ils ont manipulé les esprits, influencé les décisions politiques et sociales, et ils ont toujours agi dans l'ombre, au-delà de ce que la plupart des gens peuvent imaginer.

Léa sentit un frisson parcourir son échine. Elle savait déjà que ce groupe exerçait une influence cachée, mais les implications de ce que disait Jeanne étaient bien plus graves que tout ce qu'elle avait imaginé.

— Mais pourquoi m'avertissez-vous maintenant ? Qu'est-ce que vous savez que je dois comprendre ?

Jeanne se leva brusquement, ses gestes empreints d'une urgence que Léa ne lui connaissait pas. Elle se dirigea vers une étagère en bois, en sortant une vieille boîte en bois sculpté. Elle la posa sur la table avec soin, comme si le simple fait de la toucher pouvait réveiller quelque chose de dangereux. Léa observa attentivement la boîte. Elle semblait ancienne, son bois patiné par le temps et son apparence usée, comme si elle avait traversé plusieurs

générations. Les motifs sculptés sur la surface étaient familiers, des
symboles qu'elle avait déjà vus dans le carnet de Jeanne.

— C'est ici que tout a commencé, dit Jeanne d'une voix basse, presque en
chuchotant. Le Cercle de l'Ombre ne se contente pas de manipuler les
événements, Léa. Ils manipulent les perceptions elles-mêmes. Ils savent
comment semer le doute, comment contrôler les esprits et les volontés. Et
ils ont commencé avec ma famille.

Léa se pencha en avant, son intérêt piqué par ces paroles. Le lien entre
Jeanne et ce groupe semblait plus fort qu'elle ne l'avait imaginé.

— Qu'est-ce que vous voulez dire par là ? Vous êtes… vous êtes liée au
Cercle ?

Jeanne baissa la tête, comme si le poids des souvenirs devenait trop lourd à
porter. Elle sembla se perdre dans ses pensées, avant de finalement
soupirer.

— Oui, et non. Je fais partie d'une lignée qui a toujours été liée à eux.
Mais ma famille a cherché à briser ce lien, à s'éloigner de l'influence de ce
groupe. Et ce carnet… Ce carnet contient les réponses à des questions que
personne ne doit poser. Ma grand-mère, avant de mourir, m'a remis ce
carnet. Elle m'a dit de le garder précieusement, et de ne jamais le laisser
tomber entre de mauvaises mains.

Léa sentait que le moment était crucial, que Jeanne était sur le point de lui
confier quelque chose d'essentiel.

— Mais pourquoi m'avez-vous donné ce carnet alors ? Pourquoi
m'impliquer dans tout ça ?

Jeanne se tourna lentement vers elle, un regard profond et étrange dans les
yeux. Elle semblait plus fatiguée, plus épuisée que jamais.

— Parce que je crois que vous êtes la seule personne capable de dénouer ce
mystère. Et parce que vous avez déjà réveillé quelque chose. Vous êtes
trop proche de la vérité pour reculer maintenant.

Léa était stupéfaite par la révélation. Pourquoi elle ? Pourquoi quelqu'un
d'aussi impliqué dans l'affaire que Jeanne Lemoine lui confierait cette
responsabilité ? Mais la réponse semblait claire : Jeanne était trop faible,
trop marquée par le poids de l'histoire pour continuer. Et Léa, malgré ses

doutes, se retrouvait embarquée dans un tourbillon qu'elle ne pouvait plus arrêter.

— Mais, vous devez comprendre, Léa, poursuivit Jeanne, ce que vous cherchez n'est pas simplement une réponse. Vous allez devoir faire face à des forces bien plus puissantes que vous ne pouvez l'imaginer. Le Cercle a des alliés partout. Dans la politique, dans les affaires, dans les institutions. Ils manipulent les fils du pouvoir comme des marionnettistes invisibles.

Le regard de Jeanne devint plus intense, et Léa sentit la pression de ses mots. Elle était sur le point de découvrir quelque chose qui allait bouleverser sa vision de la ville, de l'histoire et de sa propre vie.

— Vous n'êtes pas seulement en train de résoudre un meurtre, Léa. Vous êtes en train de percer un secret qui a été caché pendant des générations. Et ces secrets, croyez-moi, n'ont pas de pitié.

Un bruit sourd à l'extérieur de la maison fit sursauter Léa. Elle se tourna brusquement vers la fenêtre. Il faisait sombre, et la rue semblait déserte, mais une silhouette furtive s'éloignait dans l'ombre.

— Vous avez vu ça ? demanda Léa, tendue.

Jeanne haussait les épaules, son regard devenu plus inquiet encore.

— Vous avez réveillé quelque chose, je vous le dis. Vous êtes sur la bonne voie, mais vous n'êtes pas seule. Et c'est ce qui vous met en danger.

Léa se leva brusquement. Quelqu'un les observait, et cela devenait de plus en plus évident. Mais qui ? Et pourquoi ? Ces questions tournaient dans son esprit à une vitesse vertigineuse. Elle savait qu'elle devait quitter la maison de Jeanne, qu'elle devait poursuivre son enquête. Mais à mesure qu'elle se dirigeait vers la porte, un sentiment de malaise grandissant l'envahissait. Elle se sentait comme une proie, poursuivie par des ombres qui semblaient se resserrer autour d'elle.

La porte s'ouvrit brusquement, et Léa se retrouva face à face avec l'homme qui l'avait vue dans le parc quelques jours plus tôt. Il se tenait là, juste à l'entrée, son regard perçant, comme s'il l'attendait. Il n'avait pas bougé d'un pouce, et il semblait plus menaçant que jamais. Léa n'avait plus le temps de réfléchir. Elle savait maintenant que sa quête pour la vérité l'avait placée au centre d'un jeu dangereux, et que chaque décision qu'elle prendrait pourrait être fatale.

— Vous avez pris trop de risques, inspectrice, dit l'homme d'une voix calme, mais menaçante. Vous ne savez pas à qui vous vous attaquez. Vous êtes sur le point de faire un mauvais choix, et il n'y a plus de retour en arrière.

Léa se figea. Elle n'avait pas peur. Pas encore. Mais elle savait que ce qu'elle allait faire maintenant allait changer le cours de l'enquête, et peut-être même sa vie.

Chapitre 11 : Le Poids du Silence

L'homme qui se tenait devant Léa, figé dans l'entrée de la maison de Jeanne, avait une allure froide et menaçante. Ses yeux étaient perçants, mais derrière cette froideur, Léa y devinait une connaissance inquiétante, comme si cet homme savait déjà tout de ce qu'elle pensait et de ce qu'elle était en train de faire. Le vent soufflait à l'extérieur, frappant les fenêtres avec une violence qui semblait en parfaite adéquation avec l'ambiance pesante de la scène.

Léa n'eut aucune hésitation. Elle ne pouvait pas se permettre de reculer. Après tout, c'était elle qui avait franchi la première ligne. Elle s'approcha de l'homme, son regard ancré dans le sien, sans fléchir.

— Vous êtes qui ? demanda-t-elle d'une voix ferme, bien que l'inquiétude grattait son esprit. Que voulez-vous ?

L'homme ne répondit pas tout de suite. Il resta immobile, observant Léa avec une précision presque inquiétante, comme s'il scrutait chacune de ses pensées. Puis, lentement, il fit un pas en avant, en dépliant ses bras comme pour lui signifier qu'il n'y avait nulle part où fuir.

— Vous êtes sur la voie de la vérité, inspectrice, répondit-il finalement, sa voix basse et grave. Mais cette vérité, vous n'êtes pas prête à la connaître. Ce que vous avez découvert n'est pas seulement dangereux pour vous, mais pour tous ceux qui osent s'en approcher. Vous devriez vous arrêter avant qu'il ne soit trop tard.

Léa sentit un frisson la parcourir. Elle n'était pas du genre à se laisser intimider, mais les mots de cet homme résonnaient en elle. Pourquoi lui parlait-il ainsi ? Comment savait-il ce qu'elle avait découvert ? Ses mains se crispèrent légèrement, mais elle ne montra aucune faiblesse.

— Qui vous envoie ? demanda-t-elle, cette fois-ci d'une voix plus tranchante. Et pourquoi vous vous intéressez à moi ?

L'homme sourit, un sourire qui n'atteignait pas ses yeux, un sourire qui semblait plus un avertissement qu'un geste d'amabilité.

— Vous êtes bien plus impliquée dans cette histoire que vous ne le pensez, Léa. Vous avez réveillé quelque chose d'ancien, et certains préfèrent que ces choses restent enterrées. Le Cercle de l'Ombre n'est pas un simple groupe de personnes. C'est une organisation, un réseau qui a survécu à travers les âges, toujours dans l'ombre, toujours en contrôle.

Léa se mordilla la lèvre. Elle savait bien que ce Cercle était puissant, qu'il avait des ramifications partout, mais ses révélations devenaient de plus en plus concrètes et inquiétantes.

— Que savez-vous d'eux ? demanda-t-elle, sa curiosité piquée à vif, mais son esprit gardant une distance prudente. Dites-moi ce que vous savez, et peut-être que nous pourrons en parler.

L'homme sembla hésiter un instant, comme s'il réfléchissait à la manière dont il allait répondre. Puis il se rapprocha lentement, jetant un dernier coup d'œil à Jeanne qui, dans un coin de la pièce, semblait avoir perdu toute énergie. Elle n'avait pas bougé depuis que l'homme était entré. Elle était pâle, presque spectrale, comme si une part de son âme avait quitté son corps avec l'apparition de cet homme.

— Je ne fais que vous prévenir, Léa, dit-il finalement, d'une voix plus douce, presque solennelle. Vous avez réveillé les fantômes d'un passé que beaucoup veulent garder secret. Si vous persistez, vous serez seule. Le Cercle vous surveille déjà. Et vous… vous êtes déjà dans leur ligne de mire.

Léa observa l'homme, son esprit battant en rafale. Elle sentait une pression croissante sur ses épaules, comme si chaque mot de cet homme la poussait plus loin dans un piège dont elle ne pourrait peut-être pas sortir.

— Et pourquoi venir me voir alors ? Pourquoi me dire ça si vous voulez me faire peur ? Si vous pensiez vraiment que je suis une menace, vous n'auriez même pas pris la peine de venir.

L'homme la fixa intensément, ses yeux d'un bleu glacé perçant dans les siens.

— Parce que vous avez encore un choix à faire. Vous pouvez arrêter, retourner à votre vie, oublier tout ça, et vous en sortir indemne. Mais si vous persistez, tout ce que vous avez appris deviendra votre fardeau. Le Cercle ne vous laissera pas vous en échapper. Les conséquences de votre enquête vont détruire tout ce que vous croyez connaître. Vous, et les gens que vous aimez.

Le silence qui suivit était lourd. Léa sentait l'angoisse monter en elle, mais elle n'était pas du genre à se laisser manipuler par des menaces. Non, quelque chose était au-delà de ces avertissements. Cet homme savait trop de choses. Et sa venue, loin d'être une menace, semblait être une tentative de l'empêcher de découvrir la vérité. Cela ne faisait que confirmer ce qu'elle savait déjà : elle était sur la bonne voie.

— Si vous êtes venu me prévenir, c'est que vous avez quelque chose à gagner, répondit Léa, d'un ton plus assuré. Alors, dites-moi ce que vous voulez. Et si vous n'êtes pas prêt à me dire ce que vous savez, alors je continuerai ma route. Parce qu'il est trop tard pour que j'arrête maintenant.

L'homme la scruta un instant. Ses lèvres se retroussèrent en un rictus de dédain.

— Vous êtes têtue, inspectrice. C'est une qualité… mais qui peut aussi être fatale.

Il recula d'un pas, puis, d'un mouvement brusque, se tourna vers la porte d'entrée. Avant de partir, il se tourna une dernière fois vers Léa.

— Vous n'êtes plus seule à chercher la vérité. Mais vous êtes la seule à être capable de la voir dans sa totalité. Souvenez-vous de ce que je vous dis, Léa : tout a un prix. Et ce que vous avez commencé à déterrer n'est pas destiné à être résolu. Ceux qui ont contrôlé la ville pendant des générations feront tout pour garder leur pouvoir. Vous, comme les autres, finirez par comprendre trop tard que certaines vérités ne doivent pas être découvertes.

Et sans un mot de plus, il tourna les talons et disparut dans la rue sombre.

Léa se retrouva seule dans la pièce, le silence de plus en plus oppressant. L'adrénaline de l'entretien se dissipa lentement, mais il la laissa avec une sensation de vide. Un sentiment étrange qu'elle ne pourrait pas expliquer, comme si une partie d'elle-même venait d'être marquée à vie.

Jeanne se leva lentement de son fauteuil. Elle semblait perdue, comme une ombre d'elle-même.

— Vous voyez, Léa ? Vous voyez maintenant ce que vous avez réveillé ? Vous êtes au cœur de quelque chose de bien plus grand que vous. Bien plus dangereux.

Léa ferma les yeux un instant, comme pour calmer les tourments qui s'étaient installés dans son esprit. Elle savait qu'elle était entrée dans un monde dont les règles lui échappaient encore, mais elle ne pouvait pas reculer. Elle n'avait pas le choix. Elle devait continuer.

Le prix qu'elle paierait, elle le découvrirait bientôt.

Chapitre 12 : Sous l'Œil des Étoiles

Léa se tenait devant la porte de l'immeuble, les mains moites, son esprit tourbillonnant. La rencontre avec cet homme n'était que le début d'une série d'événements qui semblaient sortir de tout contrôle. Chaque mot qu'il avait prononcé, chaque menace à peine voilée, avait planté une graine de doute dans son esprit. Mais ce qui l'effrayait le plus, ce n'était pas la menace en elle-même, mais ce qu'elle représentait : un avertissement.

Elle n'avait pas l'intention de se laisser intimider, mais les mots résonnaient dans sa tête. La vérité qu'elle cherchait n'était pas simplement un mystère à résoudre. C'était une vérité dangereuse, qui avait été cachée, dissimulée pendant des générations. Et maintenant, elle était trop profondément impliquée pour pouvoir en sortir.

L'immeuble devant elle, une vieille bâtisse en pierres, semblait dégageait une aura étrange, comme s'il portait en lui une partie du secret qu'elle tentait de percer. Léa s'avança, son cœur battant plus fort à chaque pas. Elle savait que ce n'était pas un hasard si cet endroit lui avait été indiqué par Jeanne. Si ce lieu était lié à l'enquête, c'était le moment d'y entrer, d'y découvrir ce que cachait l'ombre.

Elle se retrouva dans un hall d'entrée sombre, éclairé par des réverbères anciens qui projetaient des ombres déformées sur les murs. Il y avait une odeur de poussière, un parfum du temps passé. Rien ici ne semblait avoir changé depuis des décennies. Ce qui, d'un côté, la mettait mal à l'aise, et de l'autre, la confortait. Parce qu'elle savait, au fond d'elle-même, que cet endroit était le début de quelque chose de plus grand. Une vérité qui lui échapperait peut-être, mais qu'elle finirait par découvrir coûte que coûte.

Elle monta les escaliers, ses pas résonnant dans le silence de l'immeuble, et s'arrêta devant une porte marquée d'un numéro. Le dernier appartement, au bout du couloir. Un frisson parcourut son échine. Elle frappa, mais personne ne répondit. Elle attendit quelques secondes, hésita, puis ouvrit la porte avec précaution.

À l'intérieur, c'était aussi sombre qu'elle s'y attendait, et l'air était chargé de mystère. Une lampe au plafond, fragile, éclairait faiblement la pièce. C'était un appartement presque vide, seulement meublé de quelques objets anciens, des étagères de livres poussiéreux et des tableaux qui semblaient figés dans le temps. Mais ce qui attira son regard, c'était une grande table en bois, sur laquelle se trouvait une série de documents soigneusement rangés.

Elle s'approcha, observant chaque papier, chaque indice qui semblait émaner de cet endroit. Il y avait des photographies en noir et blanc, des cartes anciennes et des notes manuscrites, toutes reliées par un seul nom qui revenait inlassablement : Le Cercle de l'Ombre. Léa sentit un pincement au cœur. Ce nom, elle l'avait entendu plusieurs fois, et il semblait toujours être la clé de quelque chose de bien plus grand. Quelque chose de dangereux.

Elle fouilla plus profondément dans les papiers, cherchant des réponses à ses questions. C'est alors qu'elle trouva un carnet en cuir, vieilli par le temps, avec des pages jaunies. C'était un journal intime, écrit à la main, dont l'écriture semblait presque tremblante, comme si son auteur avait écrit sous pression. Elle tourna les pages, son regard passant d'une phrase à l'autre, découvrant des récits qui semblaient avoir été écrits dans une époque révolue. Le journal parlait de complots, de secrets cachés, de pouvoirs occultes qui manipulaient le destin des hommes. Et au fur et à mesure qu'elle lisait, Léa commença à faire des liens.

Ce carnet appartenait à une femme, une ancêtre de Jeanne, qui avait fait partie d'une branche dissidente du Cercle. Cette branche avait tenté de dénoncer le pouvoir corrompu du groupe, mais ils avaient été écrasés. Chaque mot écrit dans ce carnet semblait être un cri d'alarme, une tentative désespérée d'alerter les générations futures.

Mais alors, pourquoi Jeanne ne lui en avait-elle pas parlé plus tôt ? Pourquoi l'avait-elle laissée entrer dans ce labyrinthe sans lui donner toutes les informations dont elle avait besoin ? Léa se sentait prise au piège. Chaque indice la menait plus loin dans le mystère, mais chaque découverte la faisait s'enfoncer plus profondément dans un monde d'obscurité.

Soudain, elle entendit un bruit provenant de la porte d'entrée. Un bruit de pas légers, presque imperceptibles. Elle se figea, son cœur battant la chamade. Quelqu'un était là. Elle s'approcha discrètement de la porte, se glissant dans l'ombre. Le bruit se rapprochait, et Léa put distinguer une silhouette dans l'encadrement de la porte. Il s'agissait d'un homme, de taille moyenne, vêtu d'un manteau sombre. Il se glissa dans l'appartement, sans un bruit, et se dirigea vers la table où elle avait trouvé les documents.

Léa n'eut pas le temps de réagir. L'homme semblait avoir détecté sa présence avant qu'elle ne puisse se déplacer. Il se retourna brusquement, ses yeux croisant les siens avec une telle intensité qu'elle en eut le souffle coupé. Il n'était pas surpris de la voir ici. Au contraire, il semblait presque l'attendre.

— Vous êtes bien loin de chez vous, inspectrice, dit-il d'une voix calme mais menaçante. Vous devriez savoir que cet endroit n'est pas pour vous.

Léa ne se laissa pas impressionner. Elle resta droite, le regard défiant, et répondit d'une voix ferme :

— Qui êtes-vous ? Pourquoi êtes-vous ici ?

L'homme esquissa un sourire sans joie, ses yeux brillant d'une lueur glaciale.

— Vous avez réveillé trop de choses, Léa. Vous êtes sur le point de découvrir des secrets que beaucoup préféreraient laisser enfouis. Mais je suis ici pour vous avertir. Vous avez dépassé les limites.

Léa serra les poings. Elle ne comprenait pas tout, mais il était clair qu'il y avait plus en jeu que ce qu'elle avait imaginé.

— Et si je ne m'arrête pas ? demanda-t-elle, défiant.

L'homme haussait légèrement les épaules, comme s'il n'attendait rien de moins.

— Alors, vous comprendrez bientôt à quel point la vérité peut être dangereuse. Parce que ceux qui savent, Léa… Ceux qui savent vraiment, ne vivent pas longtemps. Et ce carnet que vous tenez, il vous conduira à la fin de votre quête. Mais pas de la manière dont vous l'imaginez.

Léa sentit un frisson glacé lui courir dans le dos. Elle était sur le point de découvrir quelque chose d'absolument crucial. Mais à quel prix ?

L'homme s'éloigna alors, disparaissant aussi silencieusement qu'il était apparu. Léa se retrouva seule, l'appartement plongé dans un silence oppressant. Le carnet était maintenant entre ses mains, lourd de promesses et de menaces. Elle savait que sa recherche de la vérité n'était qu'au début, mais à quel point était-elle prête à aller loin pour percer le mystère du Cercle de l'Ombre ? Et, plus important encore, quel en serait le prix pour elle et pour ceux qu'elle aimait ?

Chapitre 13 : Le Labyrinthe des Mots

Léa s'assit sur la chaise en bois, le carnet entre les mains, ses pensées tourbillonnant dans un tourbillon de confusion et de peur. Le silence dans l'appartement semblait presque oppressant, chaque petit bruit venant de l'extérieur — un cri lointain, le vrombissement d'une voiture — semblait un rappel cruel que, bien qu'elle soit seule ici, elle n'était pas vraiment en sécurité.

Le carnet en cuir, maintenant usé par les années, était un piège à secrets. Chaque page qui se tournait semblait plus lourd de sens, de mystères. La femme qui l'avait écrit semblait avoir tout prévu, chaque mot soigneusement choisi, chaque phrase marquée d'une urgence presque palpable. C'était une voix du passé, une voix d'outre-tombe, qui s'adressait à elle, à travers les âges, comme un avertissement qu'elle n'avait pas encore vraiment compris.

Léa tourna une nouvelle page, et ses yeux se posèrent sur une série de notes qui, pour une raison quelconque, lui parurent plus sombres que les autres. Elles étaient écrites de manière plus frénétique, plus précipitée. L'ancienne propriétaire du carnet, une certaine Élise, décrivait une réunion secrète, tenue dans un lieu que Léa reconnaissait vaguement : le vieux manoir de la famille Dupont, situé en dehors de la ville. Ce manoir, autrefois majestueux, était désormais en ruines, abandonné depuis des décennies. C'était un lieu dont elle avait entendu parler, mais dont elle n'avait jamais pris la peine de s'approcher.

Les pages suivantes révélaient des détails qui glacèrent le sang de Léa. Les membres du Cercle de l'Ombre n'étaient pas simplement des élites cachées dans l'ombre de la société ; ils contrôlaient les fils invisibles de la ville, influençaient ses institutions, ses entreprises, et même ses forces de police. Leur emprise était totale, et plus elle avançait dans le carnet, plus il devenait évident qu'Élise avait tenté de dénoncer un complot qui remontait bien plus loin que ce que Léa pouvait imaginer.

La dernière page du carnet contenait une note manuscrite, presque effacée, comme si la personne qui l'avait écrite avait voulu en effacer les traces. Le message était simple, mais terrifiant :

« Ils savent que j'ai découvert la vérité. Ils viendront me chercher. Si quelqu'un trouve ce carnet, qu'il sache que la clé se trouve dans le manoir. Le Cercle est plus puissant qu'il ne le croit, mais son pouvoir repose sur

un mensonge. La vérité... la vérité est cachée dans l'obscurité. Mais si tu cherches assez longtemps, Léa, tu la trouveras. Fais attention à ne pas perdre ton âme en chemin. »

Léa sentit une boule d'angoisse se former dans son ventre. Pourquoi son nom apparaissait-il là, dans un carnet si ancien ? C'était comme si Élise, la femme qui avait écrit ces mots, l'avait connue d'une manière ou d'une autre. Comment cela pouvait-il être possible ?

Elle se leva brusquement, le carnet toujours entre ses mains. La pièce semblait tourner autour d'elle, les murs se refermant comme si l'air même devenait plus lourd. L'angoisse l'étreignait, mais au fond de son esprit, une question persistait : *Pourquoi elle ? Pourquoi maintenant ?*

Un bruit sourd, comme un coup frappé à la porte, la fit sursauter. Elle s'approcha lentement, le cœur battant la chamade, et observa par le judas. Une silhouette se tenait dans le couloir, dans l'ombre de l'extérieur.

Léa ne perdit pas de temps. Elle attrapa son manteau, fit une dernière vérification de son arme de service, et se précipita vers la porte. Elle ouvrit doucement, sur la pointe des pieds, pour ne pas alerter l'inconnu à l'extérieur.

Mais la personne qui se trouvait devant la porte la laissa sans voix. C'était Jeanne.

— Léa, murmura-t-elle d'une voix rauque, comme si elle avait couru. Ils savent que tu as le carnet. Ils savent tout.

Léa ne pouvait pas croire ce qu'elle entendait. Son esprit se remplit d'interrogations, mais avant qu'elle ne puisse dire un mot, Jeanne la saisit par le bras et la tira à l'intérieur.

— Il est trop tard, ajouta Jeanne, les yeux pleins de terreur. Le Cercle… il ne te laissera pas en paix. Ils ont déjà envoyé des gens après toi. Et ils ne feront pas de quartiers.

Léa referma la porte derrière elles, en verrouillant immédiatement. L'urgence de la situation ne faisait qu'ajouter à la tension qui montait dans ses entrailles. Le carnet, la vérité, le Cercle… tout semblait se précipiter vers un point de non-retour.

— Que veux-tu dire par « ils ont envoyé des gens » ? demanda Léa, son cœur battant encore plus fort. Comment as-tu su que je tenais ce carnet ?

Jeanne prit une profonde inspiration, ses yeux rivés sur Léa avec un mélange de peur et de culpabilité.

— Parce que… parce que j'étais là, au début. Avant toi. Avant que tu ne t'impliques. Je t'ai observée, Léa. Je savais que tu chercherais la vérité, et c'est pourquoi je t'ai laissée faire. Mais maintenant, c'est fini. Ils ont l'œil sur toi. Ils te suivent depuis longtemps, bien avant même que tu ne comprennes à quel point tu étais en danger.

Léa n'arrivait pas à saisir tout ce qu'elle venait d'entendre. Pourquoi Jeanne lui avait-elle menti ? Pourquoi ne lui avait-elle pas dit la vérité dès le début ?

— Tu m'as laissée dans l'ignorance, Jeanne, lui lança Léa, sa voix tremblante mais ferme. Tout ce temps, tu m'as manipulée. Pourquoi ?

Jeanne s'éloigna, luttant pour trouver les mots, avant de se tourner vers Léa, les yeux brillants de larmes.

— Parce que, Léa, je t'ai protégée. Je t'ai protégée de toi-même. Le Cercle… ce n'est pas juste une organisation secrète. C'est un système. Et une fois qu'on y entre, il n'y a plus d'échappatoire. Je t'ai laissée chercher, mais je ne pouvais pas te dire la vérité. Parce qu'ils m'ont menacée. Ils m'ont forcée à te mentir. Ils connaissent chaque mouvement que tu fais, chaque personne à qui tu parles.

Léa sentit une rage sourde monter en elle. Elle ne voulait pas croire ce qu'elle entendait. Elle avait été manipulée, piégée dans une toile qu'elle n'avait même pas vue se tisser autour d'elle.

Mais plus que tout, elle savait une chose : ce qu'elle avait découvert n'était que la surface d'un iceberg bien plus grand, et si elle voulait s'en sortir, elle devrait comprendre qui contrôlait réellement le jeu. Le Cercle était bien plus qu'une simple organisation secrète. C'était un empire de mensonges, de secrets et de trahisons, et Léa se retrouvait au centre, sans savoir qui, parmi ses alliés, elle pouvait encore vraiment croire.

Elle prit une grande inspiration et s'adressa à Jeanne d'une voix calme, mais déterminée :

— Alors, dis-moi tout. Parce que si je veux m'en sortir, il est temps que je sache à quel point ce monde est profondément corrompu.

Le regard de Jeanne se voila d'une tristesse infinie.

— C'est plus compliqué que tu ne le penses, Léa. Bien plus compliqué. Mais si tu veux comprendre, tu vas devoir faire face à ce qui t'attend. La vérité n'est pas ce que tu imagines.

Léa savait qu'à partir de ce moment, elle n'avait plus le choix. Elle était entrée dans un labyrinthe de mensonges, et il n'y avait plus de retour possible. Mais elle était prête. Prête à affronter la vérité, quelle qu'elle soit.

Chapitre 14 : La Voie de l'Ombre

Léa se tenait dans le petit appartement, son regard fixé sur Jeanne. Le silence qui s'était installé entre elles était lourd, comme un voile de tension invisible. Chaque mot, chaque silence, semblait empli de secrets et de non-dits, et pour la première fois, Léa ressentait profondément la solitude de sa quête. Elle n'était plus simplement une inspectrice de police en quête de justice, mais une personne plongée dans un tourbillon bien plus vaste et plus obscur qu'elle n'aurait jamais pu l'imaginer.

Jeanne se tenait là, les bras croisés, visiblement mal à l'aise. Son regard fuyait celui de Léa, comme si elle savait que les réponses qu'elle allait donner n'étaient pas suffisantes pour réparer les erreurs qu'elle avait commises en la laissant dans l'ignorance.

— **Jeanne**, commença Léa d'une voix ferme, mais calme, **il est temps que tu me dises tout. Je ne peux pas continuer comme ça, à tâtonner dans l'obscurité. Pourquoi ne m'as-tu pas dit la vérité avant ? Pourquoi m'as-tu laissée chercher seule ?**

Jeanne prit une longue inspiration, son regard se durcissant. Elle savait qu'elle ne pouvait plus reculer. Ce qu'elle allait dire allait bouleverser l'équilibre fragile de la situation, mais c'était nécessaire. Léa avait droit à la vérité, même si celle-ci était dévastatrice.

— **Parce que je n'avais pas le choix, Léa.** répondit-elle finalement, sa voix tremblante d'émotion. **Le Cercle... ils ne laissent aucune place à ceux qui veulent s'en échapper. Et je sais de quoi je parle.** Elle marqua une pause, ses yeux fuyant ceux de Léa. **J'ai essayé, Léa. J'ai essayé de m'en sortir, mais ils m'ont prise dans leur piège. Et j'avais peur que, si je t'en disais trop, tu sois entraînée avec moi.**

Léa observa sa collègue, un sentiment étrange s'emparant d'elle. Elle avait toujours respecté Jeanne, la trouvant compétente et dévouée à son travail. Mais maintenant, elle commençait à comprendre que derrière cette façade, il y avait des cicatrices profondes, des choix difficiles qui avaient forgé la personne qu'elle était devenue.

— **Le Cercle... ce n'est pas simplement une organisation secrète, n'est-ce pas ?** dit Léa, les mots s'échappant de sa bouche comme une question dont elle connaissait déjà la réponse. **C'est un réseau. Un pouvoir occulte** qui s'étend bien au-delà de ce que j'avais imaginé. **Tu faisais partie de ce monde, n'est-ce pas ?**

Jeanne acquiesça lentement, l'air fatigué, comme si un poids immense reposait sur ses épaules.

— Oui. Je faisais partie de ce monde. Je ne pouvais pas m'en défaire. Et j'ai vu de mes propres yeux ce qu'ils étaient capables de faire pour garder le contrôle. Jeanne se tourna vers la fenêtre, les yeux dans le vide. **Ils possèdent des informations sur tout le monde, Léa. Ils savent tout ce que tu fais, où tu vas, avec qui tu parles. Et ceux qui essaient de les défier disparaissent dans l'ombre.**

Léa sentit une vague de nausée l'envahir. Les ramifications du Cercle étaient infiniment plus vastes qu'elle ne l'avait imaginé. Le pouvoir de ce groupe s'étendait non seulement sur les institutions, mais sur les vies elles-mêmes. Et à cet instant, elle comprit que ce qu'elle avait commencé à chercher n'était que la surface d'une mer de mensonges et de manipulation.

— Pourquoi m'avoir impliquée dans tout ça, Jeanne ? demanda Léa, sa voix trahissant une certaine douleur. **Pourquoi m'avoir laissée entrer dans ce jeu ?**

Jeanne tourna enfin les yeux vers elle, son regard rempli de regrets.

— Parce que je pensais que tu pouvais y arriver, Léa. Que tu pourrais détruire le Cercle. Mais j'avais tort. Elle secoua la tête, comme pour se convaincre elle-même. **Le Cercle n'est pas ce que l'on croit. Ils sont plus vieux, plus puissants que ce que tu imagines. Et si tu cherches à les arrêter, tu risques de perdre bien plus que tu ne le crois.**

Léa sentit un frisson parcourir son dos. Jeanne semblait sincère dans ses paroles, mais il y avait quelque chose de plus sombre derrière ses yeux, quelque chose qu'elle n'arrivait pas à saisir. Et cette peur, cette appréhension qu'elle ressentait, n'était pas simplement liée à l'ampleur de l'ennemi qu'elle affrontait. Il y avait aussi ce sentiment qu'elle était en train de perdre quelque chose d'essentiel : sa propre humanité.

— Je suis prête à tout affronter, Jeanne, répondit Léa, ses yeux brûlants d'une détermination sans faille. **Je ne peux pas m'arrêter maintenant. Je dois savoir. Je dois découvrir ce qu'ils cachent, ce qu'ils ont fait.**

Jeanne la regarda, son expression se durcissant.

— **Si tu veux vraiment comprendre, il va falloir que tu ailles dans leur antre. Le manoir des Dupont. C'est là que tout a commencé, et c'est là que tu trouveras les réponses. Mais souviens-toi, Léa,** ajouta-t-elle d'une voix presque suppliante, **quand tu y seras, il n'y a pas de retour possible. Tu seras confrontée à des vérités qui pourraient te détruire.**

Léa serra les poings. L'idée du manoir des Dupont n'était pas nouvelle, mais maintenant, elle comprenait que c'était là qu'elle devait aller. Là où tout avait commencé. Là où les fils de l'histoire se croisaient, et où elle pourrait enfin découvrir la vérité.

— **Je suis prête. Montre-moi le chemin, Jeanne. Montre-moi comment y arriver.**

Jeanne baissa la tête, comme si elle pesait ses mots, puis se dirigea vers une vieille armoire en bois. Elle en sortit une clé, usée par le temps, qu'elle tendit à Léa.

— **C'est la clé de l'entrée arrière. C'est la seule manière de pénétrer dans le manoir sans éveiller l'attention. Mais sache que, même avec cette clé, tu ne seras jamais seule. Le Cercle te surveille déjà, Léa. Et tu devras faire face à bien plus que ce que tu crois.**

Léa prit la clé avec détermination, sentant le poids de la décision qui se posait sur elle. Elle savait qu'il n'y avait plus de place pour l'hésitation. Ce qu'elle allait faire pourrait bien être sa dernière chance de découvrir la vérité, mais cela pourrait aussi la conduire à sa perte.

— **Je suis prête, Jeanne. Je vais y aller.**

Jeanne la regarda une dernière fois, un sourire triste se dessinant sur ses lèvres.

— **Alors, que Dieu t'accompagne, Léa. Parce que ce que tu cherches, tu ne le retrouveras peut-être pas dans ce monde.**

Léa hocha la tête et se tourna vers la porte. À cet instant précis, elle savait qu'il n'y avait plus de retour possible. Elle pénétrait dans un monde d'ombres et de secrets, un monde où la vérité n'était pas seulement difficile à atteindre, mais où elle risquait de coûter bien plus qu'elle ne pouvait imaginer. Mais elle n'avait pas le choix. Parce que si elle reculait maintenant, le Cercle gagnerait. Et pour Léa, cela n'était pas une option.

Chapitre 15 : Les Ombres du Passé

Léa se tenait devant le vieux manoir des Dupont, une bâtisse imposante qui semblait sortir d'un autre temps. La brume du matin enveloppait l'édifice, et l'air était frais, presque glacé, comme si le manoir refusait d'accepter la présence de quelqu'un à ses portes. Les fenêtres, sombres et poussiéreuses, semblaient observer tout visiteur, et l'impression que le manoir était vivant, qu'il avait des secrets à protéger, était palpable.

La clé que Jeanne lui avait donnée pendait autour de son cou, un poids froid et lourd. Elle serra le pendentif dans sa main, sentant le métal glacé sous ses doigts. Chaque battement de son cœur résonnait dans ses oreilles, un écho presque assourdissant dans le silence lourd qui régnait autour d'elle. Elle savait qu'elle était sur le point de pénétrer dans un territoire inconnu, un lieu où les réponses à toutes ses questions résidaient, mais où chaque découverte la rapprocherait de plus en plus de la vérité — et de la destruction. Le manoir des Dupont n'était pas simplement un vestige du passé, c'était un symbole du pouvoir que le Cercle exerçait depuis des décennies, et Léa le savait désormais : en pénétrant dans cet endroit, elle risquait de réveiller des forces bien plus puissantes qu'elle n'aurait jamais pu imaginer.

Elle avança lentement vers la porte arrière, les herbes hautes la frôlant comme des mains invisibles, et inséra la clé dans la serrure. Un bruit sourd se fit entendre lorsque la porte céda, dévoilant un intérieur noir et silencieux. L'odeur de vieux bois et de moisissure envahit ses narines dès qu'elle entra. La lumière du jour peinait à pénétrer à travers les fenêtres poussiéreuses, ne laissant qu'une lueur fantomatique dans les pièces sombres. Un frisson parcourut son échine.

Elle alluma une torche, éclairant l'obscurité qui l'entourait. Les murs, couverts de toiles d'araignées, étaient ternis par le temps. Des portraits en noir et blanc ornaient les murs, représentant des ancêtres des Dupont, leurs regards sévères et implacables comme s'ils la jugeaient pour oser pénétrer dans ce sanctuaire oublié. Léa se sentit observée à chaque pas, comme si les ombres du passé cherchaient à l'engloutir.

Les bruits de ses pas étaient étouffés par le tapis poussiéreux sous ses bottes. À chaque tournant, elle s'attendait à découvrir un piège, une surprise, mais rien ne venait. Le manoir semblait figé dans le temps, comme si l'ensemble de la maison attendait sa présence. Elle s'arrêta devant un escalier qui montait vers le deuxième étage. L'ombre des marches s'allongeait devant elle, menaçante, mais elle n'hésita pas. Elle avait fait ce chemin toute seule, en dehors du système, elle n'allait pas s'arrêter maintenant.

Elle monta les marches lentement, le bruit de la torche grésillant dans un silence oppressant. Arrivée au sommet, elle se retrouva face à un long couloir, faiblement éclairé par des fenêtres couvertes de rideaux noirs. Il y avait des portes partout, mais une d'entre elles semblait se distinguer : une porte en bois massif, décorée de sculptures complexes représentant des figures mythologiques. C'était la seule porte qui semblait récente, bien qu'elle fût recouverte d'une fine couche de poussière.

Léa n'eut aucun doute : c'était là qu'elle devait aller. Elle avança vers la porte et, après avoir pris une profonde inspiration, l'ouvrit. Derrière la porte se trouvait une pièce plus grande que les autres, emplie de livres et de documents éparpillés sur de longues tables en bois. C'était une bibliothèque, mais pas une bibliothèque ordinaire. Les étagères étaient remplies de vieux tomes reliés en cuir, de manuscrits jaunit par le temps, de cartes et de dessins. Au centre de la pièce, un grand bureau en bois trônait, couvert de papiers et de dossiers.

Le cœur de Léa s'emballa alors qu'elle s'avançait dans la pièce. Elle savait que ce qu'elle allait trouver ici allait changer sa vie. Mais la question restait : qu'allait-elle vraiment découvrir ?

Elle s'approcha du bureau et observa les papiers éparpillés sur le dessus. Beaucoup étaient des lettres, mais il y en avait quelques-unes qui attiraient particulièrement son attention. Elles étaient marquées du sceau du Cercle, un emblème qu'elle avait déjà vu, mais qu'elle n'avait pas encore pleinement compris. Ses yeux parcoururent les premières lignes de l'une d'elles. Le nom du destinataire la fit frissonner : il s'agissait d'un haut fonctionnaire du gouvernement, un homme qu'elle connaissait personnellement. Il faisait partie des puissants, ceux qui gouvernaient dans l'ombre, sans que le public ne le sache.

Elle fouilla plus avant, découvrant des documents relatant des transactions secrètes, des liens entre des membres du Cercle et des multinationales, des armes, des informations confidentielles… et même des assassinats. Les dossiers témoignaient de l'impunité avec laquelle le Cercle agissait, manipulant les événements du monde à leur guise. Le plus choquant dans cette découverte, c'était la façon dont ils semblaient avoir infiltré les plus hautes sphères du pouvoir, au point de contrôler des institutions entières, des médias, et même la police.

Le poids de la vérité s'abattit sur Léa avec une telle force qu'elle se sentit presque paralysée. Le Cercle n'était pas seulement un groupe secret, il était un véritable empire. Un empire caché sous une façade de respectabilité, dont les ramifications s'étendaient dans chaque recoin de la société.

Léa s'assit, tremblante, sur une chaise en bois. Elle savait maintenant que pour détruire ce réseau, elle devrait s'attaquer à quelque chose de bien plus grand qu'un simple groupe de criminels. Elle lutterait contre un système entier, un système qui s'était enraciné dans la société, invisiblement, et qui était prêt à tout pour garder son emprise sur le monde.

La porte de la pièce s'ouvrit soudainement, et Léa sursauta, le cœur battant. Une silhouette se tenait dans l'embrasure, une silhouette familière. C'était Jeanne.

— **Tu as trouvé ce que tu cherchais, n'est-ce pas ?** dit-elle d'une voix calme, presque froide.

Léa se redressa, le regard perçant.

— **Oui, Jeanne, j'ai trouvé la vérité. Mais je me demande maintenant combien d'autres secrets cachent ces murs. Et surtout, quel prix je vais devoir payer pour cette vérité.**

Jeanne s'avança dans la pièce, un sourire étrange sur les lèvres.

— **Tu ne réalises pas encore tout ce que tu as découvert, Léa. Mais ne t'inquiète pas. Tu vas bientôt comprendre.**

Chapitre 16 : Le Poids de la Trahison

Léa se redressa lentement, son regard toujours fixé sur Jeanne. Le visage de sa collègue, habituellement calme et impassible, avait changé. Il y avait quelque chose de différent dans son regard, quelque chose d'inquiétant. Léa sentit une vague d'appréhension la saisir, un frisson glacé qui lui parcourut l'échine. Elle savait que la vérité, aussi déstabilisante soit-elle, n'était plus une simple recherche : elle était devenue une prise de guerre, un défi. Un défi contre un réseau impitoyable. Mais ce que Jeanne venait de dire... cela changeait tout.

Jeanne s'avança d'un pas, ses mains jointes devant elle.

— **Tu penses avoir découvert toute la vérité, Léa, mais ce que tu tiens là...** Elle marqua une pause, son regard se durcissant. **Ce n'est qu'une infime partie du puzzle.**

Léa sentit son cœur battre plus fort dans sa poitrine, une sensation d'urgence la submergea.

— **Jeanne...** commença-t-elle, mais sa voix se brisa légèrement, trahissant la tension qu'elle ressentait. **Qu'est-ce que tu veux dire ? Pourquoi est-ce que tu...**

Jeanne la coupa, son regard devenant encore plus perçant.

— **Parce que ce que tu cherches, Léa, pourrait bien te détruire. Et pas seulement toi.** Elle baissa les yeux un instant, comme pour s'assurer qu'aucune oreille indiscrète ne les écoutait. **Tu n'as aucune idée de ce que tu affrontes.**

Léa serra les poings. Elle n'allait pas se laisser intimider. Pas maintenant. Pas après avoir tant risqué. Elle était prête à tout, à tout affronter pour découvrir la vérité.

— **Je suis prête à tout affronter, Jeanne. Même si tu essaies de me faire peur, je continuerai. Je dois savoir.**

Un silence pesant s'installa entre les deux femmes. Jeanne la regarda, presque avec pitié, avant de se détourner.

— **Tu n'as pas compris, Léa. Tu crois que ce que tu as vu dans les dossiers, les connexions entre les puissants et le Cercle, tout cela, c'est ce qui fait leur pouvoir ? Mais ce n'est que la surface.** Elle tourna légèrement la tête vers Léa. **Le vrai pouvoir, Léa, c'est celui qu'ils exercent depuis des siècles. C'est un pouvoir ancien, presque mythologique.**

Léa sentit son estomac se nouer.

— **Ancien ?** répéta-t-elle d'une voix qui tremblait. **Comment ça, ancien ? Tu veux dire qu'ils ont… influencé l'Histoire ? Manipulé des événements majeurs ?**

Jeanne acquiesça lentement, son regard de plus en plus distant.

— **Le Cercle n'est pas né d'hier. Il existe depuis des centaines d'années, Léa. Il a traversé les époques, manipulant l'Histoire à son gré. Ils ont des racines bien plus profondes que tu ne peux l'imaginer. Et ceux qui croient pouvoir s'en défaire… finissent toujours par en faire partie, d'une manière ou d'une autre.**

Léa se sentit étourdie par ce qu'elle venait d'entendre. Elle avait toujours su que le Cercle était puissant, mais jamais à ce point. Jamais de cette manière. Ce n'était pas juste un groupe de conspirateurs modernes cherchant à dominer le monde par des moyens économiques ou politiques. C'était une organisation qui avait été là, dans l'ombre, depuis des siècles. Et elle se demandait à quel point elle avait elle-même été manipulée.

— **Tu veux dire qu'ils sont responsables de tout ? De tout ce qui s'est passé dans ce pays, dans le monde ?** demanda Léa, la voix tremblante d'incrédulité.

Jeanne secoua la tête, un sourire presque imperceptible se dessinant sur ses lèvres.

— **Non, pas de tout. Mais ils ont été à l'origine de nombreux événements clés. Des guerres, des changements politiques, des révolutions, des assassinats… Ils ont tout orchestré, Léa, dans l'ombre. Et ce que tu cherches à démanteler, ce n'est pas seulement un groupe de criminels : c'est une organisation millénaire, un réseau qui s'étend bien au-delà des frontières que tu connais.**

Léa se sentait soudainement minuscule. Toute sa vie, elle avait cru en la justice, en la vérité, en l'idée que le bien pouvait triompher du mal. Mais maintenant, elle voyait clairement que tout cela n'était qu'une illusion. Elle avait été plongée dans un jeu bien plus complexe qu'elle ne l'avait imaginé. Et les règles du jeu ? Elles n'étaient pas écrites pour qu'un simple inspecteur de police puisse les comprendre.

— **Mais pourquoi ? Pourquoi m'avoir impliquée dans tout ça ?** s'écria Léa, la frustration et la confusion se mêlant dans sa voix. **Pourquoi ne m'as-tu pas tout dit plus tôt, Jeanne ? Si tu savais tout cela, pourquoi m'avoir laissée dans l'ignorance ?**

Jeanne se tourna vers elle, son regard devenu glacial.

— **Parce que je ne pouvais pas, Léa. Parce que, comme toi, je pensais qu'il y avait une chance de les arrêter. Je pensais qu'il y avait encore un moyen de briser leur emprise. Mais je me suis trompée. Personne ne peut briser ce cercle, Léa. Ce n'est pas simplement un réseau de personnes, c'est un principe. Une force qui transcende les individus. Et si tu cherches à l'attaquer de front, tu te retrouveras toi-même prise dedans.**

Léa se sentit prise au piège. L'angoisse montait en elle comme une houle impétueuse. Et si tout ce qu'elle avait cru être juste n'était en réalité qu'un fantasme ? Et si son combat n'était que le prélude à une plus grande chute, à une plus grande trahison ? Elle regarda Jeanne, mais ses mots étaient désormais comme des épées dans son cœur.

— **Alors, que dois-je faire ?** demanda Léa, la voix brisée. **Dois-je tout abandonner ? Rentrer chez moi et oublier cette enquête, oublier la vérité ?**

Jeanne hésita un instant, et une lueur de tristesse passa dans ses yeux.

— **Tu sais au fond de toi que ce n'est pas possible, Léa. Parce que tu es comme moi. Parce que, même si tu t'en fous, tu ne peux pas fermer les yeux. Tu es entrée dans ce monde, et maintenant, tu dois en payer le prix. Ce prix, c'est ta vie. Ce prix, c'est ton âme.**

Léa se leva brusquement, son cœur battant à tout rompre. La colère et la peur bouillonnaient en elle, mais elle savait que ses options étaient limitées. Si elle restait là, elle se condamnait à l'inaction, à l'oubli. Mais si elle poursuivait son enquête, elle risquait tout perdre.

— **Je n'abandonnerai pas, Jeanne. Peu importe ce qu'il m'en coûtera.** Elle se tourna alors vers la porte, prête à quitter la pièce. **Je découvrirai la

vérité, même si cela doit me détruire. Parce qu'une fois que tu connais la vérité, il n'y a pas de retour possible.

Elle se dirigea vers la sortie, sans se retourner, le poids des paroles de Jeanne résonnant dans son esprit. Ce qu'elle venait de découvrir était bien plus grand que ce qu'elle avait imaginé. Et, plus que jamais, elle savait que sa quête ne faisait que commencer.

Chapitre 17 : Les Masques Tombent

Léa traversa le manoir en vitesse, son cœur tambourinant dans sa poitrine. Chaque pas résonnait sur le sol de bois grinçant, chaque respiration semblait plus bruyante que la précédente. Elle se sentait prise dans un étau, comme si les murs de la bâtisse se resserraient autour d'elle à chaque seconde qui passait. Les mots de Jeanne tournaient en boucle dans sa tête, comme un poison insidieux. "Tu ne peux pas briser ce cercle. C'est une force. Une puissance plus grande que toi."

Elle secoua la tête, essayant de chasser ces pensées, mais elles revenaient sans cesse. Si ce qu'elle avait découvert était vrai, alors tout ce qu'elle avait connu jusque-là n'était qu'une illusion. Le Cercle était une entité aux ramifications invisibles, ancrée dans l'histoire depuis des siècles. Et elle, Léa, n'était qu'un pion, une pièce dans un jeu où elle n'avait même pas conscience des règles.

Elle se rendit rapidement à la porte de la bibliothèque, le seul endroit où elle pensait pouvoir encore trouver une réponse. Mais avant de franchir le seuil, une main se posa sur son épaule. Un frisson glacé parcourut son dos.

— **Tu n'iras nulle part, Léa.**

Léa se figea, une boule de terreur se formant dans son ventre. La voix qu'elle entendait était froide, implacable, celle de quelqu'un qu'elle avait appris à redouter : l'inspecteur Mallet. Il se tenait là, dans l'ombre, son regard perçant fixé sur elle.

— **Qu'est-ce que tu fais ici ?** demanda Léa, cherchant à dissimuler l'angoisse qui lui nouait la gorge. Elle savait que l'inspecteur n'était pas un simple policier. Il avait des liens, des connections. Et à présent, il semblait savoir exactement où elle allait.

Mallet haussait légèrement les sourcils, une lueur de défi dans ses yeux.

— **Tu ne comprends donc toujours pas, Léa ?** dit-il en la regardant avec une lueur d'amusement malicieux. **Tu crois que tu peux tout régler à ta manière. Mais tu n'as aucune idée de ce contre quoi tu te bats. Le Cercle n'est pas un mythe. C'est une réalité. Et toi, tu t'y es attaquée sans même savoir à qui tu avais affaire.**

Léa sentit la colère monter en elle. Elle avait trop donné pour reculer maintenant. Il était trop tard pour avoir peur.

— **Tu fais partie de ce Cercle, n'est-ce pas ?** lança-t-elle, son regard se durcissant.

L'inspecteur ne répondit pas immédiatement, mais son sourire en coin lui suffit pour comprendre qu'elle avait visé juste.

— **Je ne suis qu'un serviteur, Léa.** Il s'avança d'un pas. **Un maillon dans la chaîne. Et tu es une menace, une gêne qui risque de tout faire tomber. Et crois-moi, nous n'allons pas laisser ça arriver.**

Léa recula d'un pas, mais elle ne se laissa pas intimider. La vérité était désormais là, évidente. Tout ce qu'elle avait découvert, les liens entre le Cercle et les plus hauts échelons du pouvoir, n'étaient que la pointe de l'iceberg. Mallet, en tant qu'agent du Cercle, n'était qu'un pion parmi tant d'autres, un exécutant. Mais cela ne signifiait pas qu'il allait la laisser agir librement.

— **Si tu pensais que tout ce que tu savais te donnerait une chance, tu te trompes lourdement, Léa. Le Cercle est partout. À chaque coin de rue, dans chaque décision importante. Ils ont des yeux partout. Et toi, tu n'es rien contre ça.** Il s'approcha d'elle, son regard plus menaçant que jamais. **Tu veux vraiment jouer à ce jeu ? Tu es prête à sacrifier tout ce que tu as, pour quoi ? Pour un bout de vérité qui te brûlera les mains ?**

Léa fixa intensément Mallet. L'homme en face d'elle était dangereux, c'était certain. Mais il y avait quelque chose dans son regard qui laissait entendre qu'il n'était pas aussi certain de sa position qu'il le prétendait. Il avait peur. Et si lui avait peur, cela voulait dire que le Cercle, ce pouvoir ancestral et omniprésent, avait peut-être des failles.

— **Je suis prête à tout, Mallet.** répondit-elle d'une voix tremblante mais résolue. **Parce que je sais maintenant que la vérité vaut bien plus que tout ce que vous avez à offrir. Vous n'êtes que des ombres qui tentent de maintenir un contrôle sur ceux qui ne savent pas voir la lumière. Mais la lumière, Mallet... elle finit toujours par percer l'obscurité.**

Il la fixa longuement, une expression qui ressemblait à de l'hésitation traversant son visage pendant un instant, avant qu'il ne secoue la tête avec un sourire désabusé.

— Tu te trompes, Léa. La lumière n'a jamais été aussi fragile. Et parfois, elle brille juste assez fort pour révéler à quel point les ténèbres sont profondes.

Léa sentit une montée de colère, mais elle savait qu'elle ne pouvait pas se laisser déstabiliser. Elle tourna les talons, décidée à continuer sa quête, sans se laisser intimider. La vérité n'attendait pas. Le destin du Cercle, de cette organisation tentaculaire, dépendait d'elle maintenant. Elle devait découvrir ce qui se cachait vraiment derrière la façade des puissants, derrière les mensonges et les manipulations.

Elle s'éloigna de l'inspecteur sans un regard en arrière, son esprit bouillonnant d'idées. L'étau se resserrait, mais elle ne reculerait pas. Pas maintenant. Pas après tout ce qu'elle avait vu, tout ce qu'elle avait appris.

Elle pénétra dans la bibliothèque une nouvelle fois, cherchant parmi les papiers éparpillés sur le bureau. Mais cette fois-ci, elle ne se contentait plus de chercher des preuves. Elle cherchait la clé, la pièce manquante, quelque chose qui puisse détruire ce Cercle. Quelque chose qui pourrait enfin mettre fin à ce règne de manipulation et de terreur.

Au fond de la pièce, caché sous une pile de documents, un livre attira son attention. Il était vieux, usé, presque en morceaux. Il ne ressemblait pas aux autres. Curieuse, elle le saisit et l'ouvrit lentement. Les premières pages étaient couvertes de symboles étranges, incompréhensibles, mais à mesure qu'elle avançait dans la lecture, elle comprit qu'il s'agissait d'un manuel. Un manuel sur les rituels anciens du Cercle. Ses mains tremblèrent en le feuilletant, chaque page révélant des informations de plus en plus choquantes. Ce livre détenait des secrets que personne n'aurait jamais dû connaître.

Soudain, une note griffonnée à la main tomba du livre. Léa la saisit immédiatement et lut les quelques mots qui y étaient écrits :

— La vérité réside dans l'oubli. Le Cercle attend que tu te souviennes.

Les mots résonnèrent dans sa tête, comme un écho étrange, un avertissement. Le Cercle attendait. Et maintenant, Léa savait qu'elle était sur le point de réveiller quelque chose qu'elle n'aurait peut-être pas la force de combattre.

Chapitre 18 : La Piste Disparue

Léa se tenait devant la porte du manoir, le vent glacial s'engouffrant dans ses cheveux, les éparpillant autour d'elle. Le livre qu'elle avait trouvé dans la bibliothèque reposait dans son sac, mais elle n'arrivait pas à se détacher de l'angoisse qui l'envahissait. La note qu'elle avait lue, cette mystérieuse phrase « La vérité réside dans l'oubli. Le Cercle attend que tu te souviennes », continuait de la hanter. Que voulait dire ce message ? Et pourquoi le Cercle semblait tout savoir de ses mouvements, de ses découvertes ?

Elle se tourna brusquement, un bruit de pas derrière elle la faisant sursauter. C'était Mallet. Il ne l'avait pas suivie, mais il était là, sur le seuil du manoir, la silhouette sombre se découpant contre la lumière pâle de la lune. Il ne disait rien, se contentant de la regarder, comme un prédateur attendant le moment propice pour attaquer.

Léa ne bougea pas. Elle savait que l'affrontement était inévitable, mais elle n'avait pas prévu qu'il viendrait si tôt. Elle devait prendre une décision, une grande décision. Le chemin qu'elle empruntait n'avait plus rien de sûr. Ce qu'elle avait vu, ce qu'elle savait maintenant, ce qu'elle avait découvert dans ce livre… tout cela l'avait changée. Il n'y avait plus de retour en arrière.

Elle se força à respirer profondément, essayant de garder son calme. Elle ne voulait pas lui montrer qu'elle avait peur. Pourtant, une part d'elle tremblait, une part d'elle avait peur des conséquences de ses actions. Mais il était trop tard pour se retourner.

« Vous n'êtes pas ici par hasard, n'est-ce pas ? » lança Léa, sa voix ferme mais teintée d'une certaine tension.

Mallet haussait légèrement les sourcils, comme si sa question était une provocation.

« Tu sais très bien que non. » répondit-il enfin, sa voix calme, presque détachée. Il s'approcha lentement, sans hâte, chaque pas résonnant dans l'air nocturne. « Tu veux vraiment savoir ce qui se cache derrière tout ça, Léa ? »

Elle le fixa, ses yeux ne le quittant pas. Chaque mot qu'il prononçait semblait peser lourdement sur ses épaules, chaque parole était une menace déguisée.

« Ce n'est pas la vérité que tu cherches, Léa. » Il s'arrêta à quelques mètres d'elle, son regard plus intense que jamais. « Ce que tu cherches, c'est une vengeance. Une revanche contre un système qui te dépasse. »

Léa détourna les yeux. Il avait raison. Elle cherchait la vérité, mais au fond, elle savait que ce n'était pas juste la vérité. Elle cherchait à détruire un système, à faire tomber des hommes puissants et invisibles qui avaient manipulé le monde depuis trop longtemps. Elle ne pouvait pas simplement reculer, elle ne pouvait pas se contenter de laisser le Cercle reprendre son emprise sur le monde.

Elle serra les dents, prête à répondre, mais Mallet la devança, comme s'il avait anticipé chaque mouvement.

« Tu crois qu'en découvrant leur histoire, en mettant à jour leurs secrets, tu vas changer quoi que ce soit ? » Il sourit, mais c'était un sourire froid, presque moqueur. « Tu crois que les puissants vont se laisser faire, que la vérité va suffire à détruire ce qu'ils ont construit ? »

Léa ne répondit pas immédiatement. Elle savait que Mallet n'avait pas tort. Le Cercle n'était pas une organisation comme les autres. Il était bien plus qu'une simple association de criminels. Il était un réseau qui se nourrissait de l'ombre, une entité insidieuse qui avait infiltré les plus hauts cercles du pouvoir. Et elle, simple inspectrice, n'était qu'une petite pièce dans un grand puzzle.

Elle fit un pas en avant, la tête haute, déterminée à ne pas se laisser abattre.

« La vérité est la seule chose que je peux encore contrôler, Mallet. Et si ça doit me détruire, je l'accepterai. Mais je ne vais pas me rendre. Pas maintenant. »

Il la fixa un moment, un regard presque respectueux, avant de soupirer.

« Tu es naïve, Léa. » Il tourna lentement les talons, comme s'il n'avait plus rien à ajouter. « Tu verras bien. »

Il s'éloigna sans un mot de plus, sa silhouette se fondant dans l'obscurité de la nuit. Léa le regarda partir, son cœur battant toujours plus fort. Chaque instant passé à le contempler semblait la rapprocher de la fin de son enquête, ou de son propre déclin. Mais elle n'était plus la même personne qu'avant. Elle savait qu'elle n'avait plus de place pour les hésitations.

Elle tourna les talons et se dirigea vers la voiture qui l'attendait. Le temps était compté. Le Cercle n'attendait pas. Et elle avait bien l'intention de continuer à le poursuivre, coûte que coûte.

À mesure qu'elle roulait sur la route désertée, les pensées tourbillonnaient dans sa tête. Le livre qu'elle avait trouvé, les symboles mystérieux, les rituels évoqués… tout cela était lié à quelque chose de plus grand. Elle en était certaine. Mais comment rassembler les pièces du puzzle quand la vérité semblait si insaisissable, si fragmentée ?

Elle savait que chaque indice qu'elle trouvait la conduisait à une nouvelle découverte, mais aussi à de nouveaux dangers. Les témoins qu'elle avait interrogés étaient de plus en plus rares. Beaucoup s'étaient évanouis dans la nature, certains avaient disparu, d'autres avaient été réduits au silence. Et la menace de plus en plus pressante de Mallet et du Cercle l'enveloppait comme une brume.

Elle se gara sur le côté de la route, le moteur encore ronronnant. Elle prit une profonde inspiration, cherchant à calmer les battements frénétiques de son cœur. Elle avait besoin de recul. Un instant de clarté.

De nouvelles questions surgirent dans son esprit. Qu'avait-elle raté ? Pourquoi ces rituels anciens avaient-ils été cachés dans ce livre ? Et surtout, pourquoi l'avaient-ils laissé le découvrir ? Il y avait un piège quelque part, elle en était sûre.

Dans un soupir, elle se remit en route. Chaque pas qu'elle faisait la rapprochait du centre de ce réseau. Mais quel était le prix à payer pour découvrir ce qu'il y avait au bout du chemin ? Elle n'était pas certaine de pouvoir y faire face. Mais une chose était sûre : elle n'avait plus d'autre choix.

Chapitre 19 : L'Ombre de la Trahison

Léa ne savait pas combien de temps elle avait roulé, mais les lumières de la ville s'étiraient à l'horizon, devenant une mer de néons et de reflets brouillés. Elle se sentait déconnectée de tout, comme si elle était suspendue dans un autre monde, où le seul objectif était de trouver la vérité, quoi qu'il en coûte. Les paroles de Mallet résonnaient encore dans sa tête, comme un écho d'avertissement, mais elle les rejetait avec une force nouvelle. Ce qu'il disait, c'était une tentative de manipulation, un ultime effort pour la faire plier, pour la détourner de sa route.

Elle serra le volant entre ses mains, fixant la route devant elle. Elle ne pouvait pas s'arrêter maintenant. Pas après tout ce qu'elle avait découvert. Le Cercle était trop puissant, trop enraciné dans les rouages de la société pour être ignoré. Et elle avait une mission : exposer cette organisation secrète, démanteler son réseau, détruire son pouvoir.

La route semblait interminable. Les virages, les arbres, les champs vides défilaient sans fin, mais son esprit était ailleurs. Il se concentré sur le livre. Ce manuel mystérieux, qu'elle n'avait pas encore eu le temps d'analyser en profondeur, lui donnait des indices sur des rituels occultes, des noms oubliés, des pratiques interdites. Elle avait l'impression que chaque page qu'elle tournait la poussait un peu plus loin dans l'obscurité. Plus elle en savait, plus elle se sentait perdue, piégée dans une toile d'araignée dont elle ne voyait plus les fils.

Elle s'arrêta enfin dans un petit village, un endroit où elle avait l'intention de rencontrer un ancien informateur. Celui-ci avait disparu après leur dernière rencontre, mais elle savait qu'il avait encore des informations cruciales. S'il était encore en vie, il saurait peut-être comment dénouer les fils qui la menaient vers le cœur du Cercle.

Elle sortit de la voiture, l'air frais de la nuit frappant son visage. Elle n'avait pas l'habitude de cette sensation de solitude, mais ici, au milieu de ces maisons abandonnées, c'était presque réconfortant. Le silence était lourd, oppressant. Les petites ruelles semblaient dénuées de vie, comme si le village lui-même portait les cicatrices de quelque chose qu'il avait longtemps essayé d'oublier. Mais Léa savait que ce n'était pas un hasard. Le Cercle était là aussi, et ses racines s'étendaient bien au-delà des murs de la ville.

Elle marcha rapidement vers la maison de son contact, un vieux cottage à l'écart. Les fenêtres étaient sombres, mais une lumière faible s'échappait de sous la porte. Elle frappa trois fois, lentement, comme un code qu'ils avaient convenu d'utiliser pour ne pas éveiller de soupçons. Après un moment, la porte s'ouvrit, et un visage pâle et fatigué apparut dans l'embrasure.

— **Léa**, dit l'homme d'une voix rauque, presque désincarnée. **Tu devrais t'en aller. Ce n'est pas sûr ici. Le Cercle est plus proche que tu ne le penses.**

Elle le fixa, l'angoisse qui naissait dans sa voix ne la perturbant pas cette fois. Ce n'était pas la première fois qu'elle entendait des avertissements, mais elle n'avait pas le choix. Il fallait aller jusqu'au bout. Elle était trop loin pour s'arrêter.

— **J'ai besoin de ton aide. Tu sais ce qui se cache derrière tout ça.**

Il hésita, jetant un coup d'œil furtif derrière lui avant de refermer la porte d'un geste rapide. Elle entra dans la maison, et ils se dirigèrent vers le salon. Un parfum de moisissure flottait dans l'air, et des papiers éparpillés couvraient presque chaque surface. Il s'assit en face d'elle, visiblement nerveux, et lui tendit une vieille enveloppe en cuir.

— **Je n'ai pas beaucoup de temps, Léa. Mais il y a des choses que tu dois savoir.** Il marqua une pause, prenant une inspiration profonde avant de continuer. **Le Cercle n'est pas ce que tu crois. Il n'est pas seulement une organisation criminelle. Ce n'est pas un réseau de manipulations économiques ou politiques. C'est bien plus vieux que ça. Beaucoup plus ancien.**

Léa prit l'enveloppe, l'ouvrant délicatement. À l'intérieur, elle trouva une série de photographies anciennes et des coupures de journaux, accompagnées de notes manuscrites. Les images montraient des personnes qu'elle ne connaissait pas, mais leurs visages semblaient familiers, comme si elle les avait déjà vus dans ses recherches. Chaque photo avait une date et un lieu, certains datant de plusieurs siècles. Des rituels, des assemblées secrètes, des symboles mystiques qu'elle avait vus dans le livre qu'elle avait trouvé.

— **Le Cercle est une société secrète qui remonte à plusieurs générations.** continua l'homme. **Ils ont des racines profondes dans l'histoire, des liens avec des événements majeurs, des révolutions, des guerres… Leur but n'a jamais été l'argent. Ni même le pouvoir politique. Ils cherchent quelque chose d'autre, quelque chose que personne n'a encore compris.**

Léa fixa les coupures de journaux. Une date particulièrement attira son attention : 1912. Un nom, celui d'un architecte qui avait mystérieusement disparu après avoir découvert des secrets liés au Cercle. Il était lié à la construction de plusieurs bâtiments emblématiques dans la ville, mais aucune trace de lui n'avait été retrouvée.

— **Qu'est-ce que ce nom signifie ?** demanda-t-elle, pointant la photo.

L'homme se figea. Son regard s'assombrit, comme si une ombre avait traversé son esprit. Il se leva brusquement, se dirigeant vers un tiroir. Il en sortit une autre photo, plus ancienne encore. Une photo de plusieurs hommes en costume, entourant une figure centrale. L'homme principal semblait presque hors du temps, son regard intense et énigmatique.

— **C'est lui**, murmura-t-il. **Le fondateur. Ou du moins, celui que beaucoup croient être le fondateur. Il est partout, même si personne ne le connaît. Ces gens, ceux que tu vois dans ces photos, ont tous une seule chose en commun : ils ont été choisis. Mais personne ne sait exactement pourquoi.**

Léa se pencha sur la photo, son esprit s'embrouillant de questions. Qui étaient ces hommes ? Pourquoi étaient-ils tous liés à cette organisation secrète, et pourquoi le nom de cet architecte revenait-il sans cesse ?

— **Je dois en savoir plus. Où puis-je trouver d'autres informations ?** demanda-t-elle avec une détermination nouvelle.

L'homme la regarda longuement, comme s'il pesait chaque mot.

— **Tu es déjà trop loin, Léa.** Il secoua la tête. **Tu ne sais pas ce que tu risques. Le Cercle est bien plus qu'un simple réseau. Ils ont des yeux partout. Tu vas entrer dans un territoire dangereux. Et si tu vas plus loin, tu risqueras de perdre tout ce que tu connais, tout ce que tu es.**

Mais Léa ne l'écoutait plus. Elle savait que le danger était inévitable, qu'il faisait déjà partie de son quotidien. Elle n'avait pas l'intention de reculer. Son regard se fit plus ferme.

— Je n'ai pas le choix.

L'homme soupira.

— Alors prépare-toi. Parce qu'une fois que tu auras franchi cette ligne, il n'y a plus de retour en arrière.

Chapitre 20 : Les Mains Qui Poussent

Le matin suivant, Léa se réveilla en sursaut. Le bruit du vent soufflant contre la fenêtre la sortit de son sommeil agité. Elle se leva rapidement, se frotta les yeux et se dirigea vers la salle de bains. L'image de l'enveloppe, des photographies et des notes manuscrites envahissait encore son esprit. Ce qu'elle avait découvert la veille n'était que le début. Et maintenant, elle savait que le Cercle n'allait pas la laisser avancer aussi facilement.

Elle s'était endormie avec une seule pensée : elle devait retrouver l'architecte disparu, comprendre son rôle dans cette organisation secrète. Les liens entre ce dernier et les autres membres du Cercle étaient de plus en plus évidents. Ce n'était pas une simple question de pouvoir ou de richesse. Ce qu'ils recherchaient était bien plus sinistre. Et plus elle s'approchait de la vérité, plus elle se sentait comme un pion dans un jeu dont elle ne maîtrisait plus les règles.

Elle se rendit à son bureau, où les papiers étaient éparpillés sur le sol. Une montagne d'informations, de documents, de coupures de presse, tous liés au mystère du Cercle. Léa passa une main dans ses cheveux, puis commença à examiner les nouvelles informations qu'elle avait recueillies. Parmi les photos et les notes, il y avait un nom qui revenait régulièrement : **Jules Beaulieu**. Un nom qui n'apparaissait dans aucune source publique, mais qui semblait en réalité être au centre de tout. Un architecte qui avait été l'un des premiers à intégrer le Cercle.

Léa se leva d'un coup. Elle savait qu'il fallait qu'elle aille plus loin. Beaulieu était peut-être la clé pour comprendre l'origine de l'organisation. Il devait y avoir quelque part un lien caché, une réponse qui pourrait tout remettre en perspective.

Elle prit son sac et se précipita vers la sortie. Le bruit du téléphone qui vibrait sur son bureau la fit hésiter un instant. Un message. Un simple message avec un numéro inconnu.

"Tu n'es pas seule dans cette quête. Mais il est déjà trop tard pour tout arrêter."

Un frisson la parcourut. Elle déverrouilla son téléphone, mais l'appel avait déjà été coupé. Un avertissement, ou une menace ? Elle n'avait pas le temps de réfléchir. Elle avait une piste à suivre, et il ne fallait pas qu'elle perde une minute de plus.

Dans le taxi qui la conduisait vers la vieille maison de l'architecte, Léa repensa à la dernière conversation qu'elle avait eue avec son contact. Il avait mentionné que Beaulieu avait disparu après avoir fait une découverte étrange, un artefact, peut-être un symbole ancien lié au Cercle. Le bâtiment qu'il avait conçu avant de disparaître était une structure imposante, cachée dans un quartier que peu de gens fréquentaient. Il n'avait pas laissé de traces, mais il y avait toujours eu des rumeurs sur ce qu'il avait trouvé.

Le taxi s'arrêta devant un grand manoir, ses murs sombres et son architecture imposante donnant l'impression qu'il appartenait à un autre temps. L'endroit semblait abandonné, mais des fenêtres sales laissaient entrevoir une lumière faiblarde à l'intérieur. Elle sortit du véhicule et s'avança lentement. Le vent soufflait fort, faisant vibrer les branches des arbres autour de la maison. Rien n'était normal dans ce lieu.

Léa monta les quelques marches menant à la porte d'entrée et frappa trois fois. Pas de réponse. Elle essaya à nouveau, mais cette fois, la porte s'ouvrit lentement. Le vieil homme qui apparut sur le seuil semblait sur le point de la repousser, mais son regard changea lorsqu'il la reconnut. C'était l'un des anciens employés de Beaulieu. Un homme dont le nom était à peine mentionné dans les archives. Il l'observa un instant, puis se décida à la laisser entrer sans un mot.

À l'intérieur, la poussière avait envahi les meubles et les objets abandonnés. Les tableaux aux murs semblaient figés dans le temps, leur peinture décolorée, mais les yeux des personnages peints semblaient suivre Léa. C'était comme si la maison elle-même attendait qu'elle en apprenne plus.

Le vieil homme la conduisit jusqu'à une bibliothèque poussiéreuse. Il n'y avait rien de particulier ici à première vue, mais quelque chose dans l'atmosphère pesait lourdement. Il se tourna vers elle, presque gêné.

— **"Vous cherchez quelque chose de plus que vous ne pouvez imaginer,"** dit-il, ses mains tremblantes s'appuyant sur le dossier d'une chaise. **"Il y a des choses que Beaulieu savait, des choses qu'il a laissées derrière lui… mais vous devez être prête à tout."**

Léa s'approcha de lui, son cœur battant à tout rompre.

— **"Je suis prête à tout,"** répondit-elle d'une voix ferme.

Il la mena vers une étagère en particulier, qui semblait avoir été déplacée récemment. Derrière elle, une porte dérobée. Ils descendirent un long escalier en colimaçon qui menait à une pièce secrète. Le vieil homme n'eut même pas à ouvrir la porte : il l'avait déjà ouverte, en silence. À l'intérieur, un grand bureau encombré de papiers, de livres et de cartes anciennes. Sur le mur, un tableau représentant des hommes en costumes sombres, la tête baissée, entourant un symbole étrange. Léa s'avança lentement, observant les détails.

Le vieil homme s'arrêta près de l'entrée, hésitant.

— **"C'est ici qu'il a trouvé… quelque chose qu'il n'aurait jamais dû découvrir,"** dit-il enfin, sa voix brisée. **"Une clé. La clé de tout. Et il a disparu, tout comme les autres avant lui."**

Léa se tourna vers lui, son regard pénétrant. Elle savait qu'elle venait de toucher quelque chose de crucial. Mais la question restait : qu'était cette clé, et pourquoi tant de gens avaient disparu autour de Beaulieu ? La réponse semblait se cacher dans les recoins sombres de cette maison, dans les pages de ces vieux livres.

Elle s'approcha du bureau, scrutant le contenu des tiroirs, cherchant une indication, une vérité cachée. Finalement, elle trouva une vieille carte, une carte de la ville, mais sur laquelle plusieurs bâtiments étaient marqués d'un symbole en particulier : celui qu'elle avait vu sur le tableau. C'était un signe ancien, un emblème que le Cercle utilisait pour désigner des endroits de pouvoir.

Léa sentit un frisson la parcourir. Elle n'était plus seulement une enquêteur. Elle était devenue une poursuivante de vérités que beaucoup ne voulaient pas voir. Le Cercle était là, à chaque tournant, et elle ne pourrait plus jamais revenir en arrière.

Le vieil homme la regarda une dernière fois avant de s'éclipser dans les ombres, laissant Léa seule face à son destin.

Chapitre 21 : La Porte du Silence

Léa rentra chez elle, la tête pleine de nouvelles informations, mais aussi de nouveaux questionnements. La carte qu'elle avait trouvée dans le bureau de Beaulieu était à la fois un indice crucial et un piège. Elle savait qu'il y avait quelque chose de profondément sinistre derrière ce symbole, quelque chose qui dépassait de loin ce qu'elle avait imaginé. Le Cercle ne s'intéressait pas simplement à l'argent, ni même à la domination politique ; il poursuivait un objectif bien plus ancien, bien plus dangereux. Mais quoi ? Et pourquoi était-elle mêlée à cette histoire ?

Les événements de ces dernières semaines semblaient s'enchaîner à un rythme effréné, chaque découverte menant à une nouvelle énigme, une nouvelle porte à franchir. Léa n'avait pas le choix. Si elle voulait comprendre la véritable nature du Cercle, elle devait suivre cette carte, se rendre là où les bâtiments marqués par le symbole étaient situés, sans savoir exactement ce qu'elle trouverait sur place.

Le bruit de son téléphone brisa le silence dans son appartement. Un message. Le numéro était inconnu, mais le texte était clair :

« Ils savent que tu cherches. Tu n'es plus en sécurité. L'heure approche. »

Un frisson parcourut son dos. Qui était cette personne ? Quelqu'un qui savait qu'elle était sur la bonne voie ? Ou quelqu'un qui cherchait à l'intimider, à la faire douter de ses choix ? Elle prit une profonde inspiration et tenta de chasser la peur qui commençait à s'installer dans ses entrailles. Elle ne pouvait pas se permettre d'avoir des doutes. Pas maintenant. Il lui fallait une réponse, et le temps pressait.

Elle se rendit à son bureau, où la carte de la ville, avec ses marques énigmatiques, était posée. Chaque emplacement semblait avoir été soigneusement sélectionné, comme des points de convergence d'une force invisible. Elle s'attarda un moment sur l'un des marquages, un bâtiment en particulier. Il se trouvait à l'écart de la ville, dans une zone industrielle abandonnée, un lieu qui semblait être un terrain vague, un no man's land. Pourquoi ce site en particulier ? Était-ce là que Beaulieu avait trouvé la clé de ce mystère ?

Léa n'hésita pas une seconde. Elle savait ce qu'elle devait faire. Armée de sa détermination, elle quitta son appartement et monta dans sa voiture. La route semblait plus longue que d'habitude, chaque minute s'étirant jusqu'à l'absurde alors qu'elle s'approchait du quartier indiqué sur la carte. L'endroit était presque désert, avec de vastes entrepôts en ruine et des bâtiments qui semblaient n'avoir pas été utilisés depuis des années. Aucun signe de vie, pas même les rares passants qui se faisaient invisibles sous le poids de la ville.

Elle roula plus profondément dans ce dédale de rues abandonnées, se sentant à la fois attirée et repoussée par l'atmosphère qui pesait sur l'endroit. Le vent soufflait entre les bâtiments, soulevant des papiers et des détritus, donnant l'impression que la ville elle-même se mourait. La lumière déclinait, et les ombres grandissaient.

Elle arriva enfin à l'adresse qu'elle cherchait. Un immense bâtiment à l'aspect menaçant, presque imposant, se dressait devant elle. Les murs étaient couverts de graffitis, et l'entrée semblait aussi négligée que le reste de la structure. Mais en y regardant de plus près, Léa distingua des marques, des symboles presque indiscernables, gravés dans le béton près de la porte d'entrée. Ce n'était pas un hasard. Ces marques étaient les mêmes que celles qu'elle avait vues dans les documents et les photographies.

Elle s'avança avec précaution, ses pas résonnant dans le silence de la rue déserte. Un sentiment de malaise s'empara d'elle, comme si l'air lui-même était chargé d'une présence invisible. Lorsqu'elle atteignit la porte, elle prit une profonde inspiration et l'ouvrit lentement. À l'intérieur, l'obscurité régnait. Pas de lumière, pas de bruit, juste un vide étrange qui semblait l'attirer de plus en plus. Elle alluma sa torche et s'engagea à l'intérieur.

Les murs du bâtiment étaient nus, couverts de moisissure et de saleté, mais il y avait quelque chose d'étrange dans l'air, comme une sensation d'attente. Léa avança prudemment, jetant des regards furtifs autour d'elle. Rien ne semblait normal ici. C'était un lieu abandonné depuis trop longtemps pour qu'il soit simplement utilisé comme dépôt.

Elle se dirigea vers le fond du bâtiment, où elle remarqua une porte métallique qui semblait différente des autres. Elle n'avait pas été laissée ouverte par le temps, mais plutôt délibérément scellée. Un verrou étrange, un cadenas plus complexe que les autres, semblait être la dernière barrière avant la découverte de ce qu'elle cherchait. Léa n'hésita pas. Elle fouilla dans son sac à la recherche de ce qu'il lui fallait pour forcer la serrure.

Elle entendit soudain un bruit. Un léger crissement, comme si quelqu'un se déplaçait dans l'ombre. Léa s'arrêta net, son cœur battant plus fort. Ses yeux scrutèrent l'obscurité, mais il n'y avait rien. Pourtant, elle n'avait pas rêvé ce bruit. C'était réel. Quelqu'un ou quelque chose se cachait dans l'ombre, attendant. Son instinct lui cria de se méfier, mais sa détermination l'emporta. Elle força le cadenas et ouvrit la porte.

Ce qu'elle découvrit derrière était plus étrange et inquiétant que tout ce qu'elle avait imaginé. Un grand espace sombre, avec des étagères remplies de vieux livres, de documents en lambeaux et de sculptures mystérieuses. Et au centre, une table de pierre. Posé sur cette table, un objet étrange. Une clé.

Mais pas une clé ordinaire. C'était une clé ancienne, en métal noirci, recouverte de symboles qui semblaient bouger sous la lumière de sa torche. Un artefact d'une puissance indicible, exactement comme celui qu'elle avait vu dans les descriptions de Beaulieu.

Elle s'approcha de l'objet avec précaution, mais avant qu'elle n'ait pu le toucher, une voix familière brisa le silence.

— Tu es venue jusqu'ici, mais tu as fait une grave erreur.

Léa se figea. La voix venait de derrière elle. Elle se tourna lentement, mais il était déjà trop tard.

Chapitre 22 : Les Ombres du Passé

Léa se retourna brusquement, la lumière de sa torche dansant sur les murs humides et poussiéreux de la pièce. Une silhouette se tenait là, presque immobile, à l'entrée de la salle. L'homme portait un manteau sombre qui semblait se fondre dans l'obscurité, ne laissant que son visage pâle visible. Ses yeux brillaient d'un éclat glaçant, et un sourire énigmatique se dessinait sur ses lèvres.

— Je savais que tu finirais par trouver cet endroit, dit-il calmement, sa voix résonnant dans la pièce vide.

Léa recula instinctivement d'un pas, sa torche toujours pointée dans sa direction.

— Qui êtes-vous ? demanda-t-elle d'un ton ferme, bien qu'elle sente son cœur battre à tout rompre.

L'homme ne répondit pas immédiatement. Il s'avança lentement, ses pas résonnant sur le sol de pierre. Léa remarqua qu'il semblait parfaitement à l'aise dans cet environnement, comme s'il connaissait chaque recoin de cet endroit depuis des années.

— Les questions que tu te poses n'ont pas de réponses simples, commença-t-il. Mais je peux te dire une chose : ce que tu cherches ici, ce que tu crois être la vérité, n'est qu'une infime partie d'un tableau bien plus vaste.

Léa sentit sa gorge se nouer. L'homme semblait en savoir bien plus qu'elle sur le Cercle et sur les mystères qu'elle tentait de résoudre. Mais ce qui la troublait encore plus, c'était qu'il semblait anticiper chacun de ses mouvements.

— Vous faites partie du Cercle, n'est-ce pas ? lança-t-elle, espérant le déstabiliser.

Un rictus étira les lèvres de l'homme, mais il ne confirma pas ni ne démentit. Au lieu de cela, il fit un geste vers la table où reposait l'étrange clé.

— Tu es venue pour ça, n'est-ce pas ? demanda-t-il, presque moqueur. Mais sais-tu seulement ce que c'est ?

Léa se tourna vers l'objet, ses yeux rivés sur les gravures complexes qui semblaient onduler sous la lumière vacillante. Elle n'était pas certaine de ce qu'elle regardait, mais elle savait que cette clé représentait bien plus qu'un simple artefact. Elle était un symbole, une pièce maîtresse dans le puzzle du Cercle.

— C'est vous qui avez envoyé ces messages ? poursuivit-elle. Et la carte ? Pourquoi voulez-vous que je trouve tout cela ?

L'homme éclata d'un rire bref, presque amusé.

— Oh, Léa, tu crois vraiment que tu as le contrôle ? Que c'est toi qui mènes cette enquête ? Non, tout cela n'est qu'un jeu, un jeu auquel tu participes sans même en connaître les règles. Mais je dois admettre que tu es plus perspicace que je ne l'avais imaginé. Tu es arrivée plus loin que la plupart.

Léa sentit la colère monter en elle. Cet homme jouait avec elle, la manipulait depuis le début, et elle n'avait même pas conscience de la portée de ses actions. Elle serra les poings et fit un pas en avant.

— Alors expliquez-moi, dit-elle d'une voix ferme. Si je ne comprends pas les règles, alors éclairez-moi. Qu'est-ce que le Cercle veut ? Pourquoi ces bâtiments, ces symboles ? Pourquoi moi ?

L'homme la regarda un long moment, comme s'il pesait le pour et le contre. Finalement, il poussa un léger soupir et s'approcha de la table, plaçant une main sur la clé.

— Très bien, dit-il. Tu mérites au moins de savoir. Cette clé n'est pas seulement un artefact. Elle est la porte d'entrée vers un savoir ancien, un pouvoir qui dépasse tout ce que tu peux imaginer. Le Cercle a passé des décennies, des siècles même, à traquer ce genre de reliques. Elles contiennent des secrets qui pourraient réécrire l'histoire, changer l'équilibre des forces dans le monde.

Il se tourna vers elle, son regard perçant.

— Et toi, Léa, tu es devenue une menace parce que tu as suivi les indices que nous avons laissés derrière nous. Tu as osé poser des questions, chercher des réponses. Mais laisse-moi te poser une question : es-tu prête à en payer le prix ?

Léa sentit un frisson la parcourir. Elle savait qu'il y avait un risque dans cette quête, mais entendre ces mots la confronta brutalement à la réalité. Elle prit une profonde inspiration, essayant de masquer son trouble.

— Si vous pensez m'effrayer, vous perdez votre temps, dit-elle. Je ne reculerai pas.

L'homme sourit à nouveau, mais cette fois, il y avait une pointe de tristesse dans son expression.

— Très bien, Léa. Dans ce cas, prends la clé. Mais sache une chose : une fois que tu l'auras, il n'y aura plus de retour en arrière.

Léa hésita. L'avertissement était clair, mais elle ne pouvait pas se permettre de reculer maintenant. Tout ce qu'elle avait traversé, tous les sacrifices qu'elle avait faits, l'avaient menée à cet instant. Elle tendit la main et saisit la clé.

Un instant, rien ne se passa. Puis, une vibration étrange parcourut la pièce, comme si l'air lui-même devenait plus dense. L'homme recula légèrement, observant Léa avec une attention accrue.

— Et maintenant, dit-il d'une voix plus grave, le véritable jeu commence.

Avant qu'elle ne puisse répondre, la lumière de sa torche vacilla, et tout autour d'elle sembla sombrer dans une obscurité oppressante. La dernière chose qu'elle vit fut le sourire énigmatique de l'homme, avant qu'il ne disparaisse comme une ombre dans la nuit.

Léa resta seule, tenant la clé dans ses mains, consciente qu'elle venait de franchir un seuil dont elle ne comprenait pas encore toutes les implications.

Chapitre 23 : L'Appel du Vide

Léa resta immobile, figée au cœur de cette obscurité oppressante. La clé semblait pulser légèrement dans sa main, comme un cœur battant au ralenti. Les ténèbres autour d'elle n'étaient pas normales ; elles avaient une consistance étrange, presque palpable, et semblaient vibrer avec une énergie invisible. Chaque seconde qui passait renforçait la sensation qu'elle avait franchi une limite qu'elle n'aurait jamais dû dépasser.

Elle ferma les yeux un instant pour calmer sa respiration. Le silence était total, si profond qu'il en devenait presque assourdissant. Puis, soudain, un faible bruit résonna, un murmure indistinct qui semblait venir de partout et de nulle part à la fois. Léa tendit l'oreille, mais elle ne parvenait pas à distinguer les mots, seulement une sorte de chant mélancolique qui semblait s'insinuer dans son esprit.

La torche, qu'elle tenait toujours, s'alluma brusquement, projetant un faisceau faible et tremblotant qui éclaira à peine la pièce. Pourtant, ce fut suffisant pour qu'elle remarque une différence. Les murs autour d'elle n'étaient plus nus et délabrés comme auparavant. Ils étaient couverts d'inscriptions, des gravures complexes et sinistres qui serpentaient comme des veines, formant des motifs géométriques entrelacés. Chaque symbole semblait raconter une histoire, une tragédie oubliée, un avertissement silencieux.

Léa s'avança lentement, balayant la pièce de sa lumière vacillante. Elle savait que ce lieu ne répondait plus aux lois ordinaires. Elle avait ouvert une porte sur quelque chose d'ancien, de profondément étranger, et désormais, elle était piégée.

Une sensation glaciale lui parcourut l'échine lorsqu'elle sentit un courant d'air passer derrière elle. Elle se retourna d'un geste brusque, la torche tremblant dans sa main. Il n'y avait rien, mais elle sentait une présence, une attention lourde, presque suffocante.

— Vous êtes encore là, souffla-t-elle, sa voix résonnant étrangement dans l'espace.

Personne ne répondit. Mais les murmures, eux, devinrent plus clairs, se transformant en une voix distincte, grave et rauque, qui résonna dans sa tête.

— La clé n'est pas un objet, Léa. C'est une promesse. Et une malédiction.

Elle recula, la clé serrée dans sa main.

— Qui êtes-vous ? Qu'est-ce que vous voulez ?

La voix ne répondit pas directement. Au lieu de cela, une image s'imposa dans son esprit, si vive qu'elle faillit lâcher la torche. Une vision d'un lieu étrange, un paysage désolé sous un ciel sombre, où de grandes tours se dressaient comme des ossements gigantesques. Au centre de ce monde, une porte massive, forgée dans un métal noirci, ornée des mêmes symboles que ceux gravés sur les murs autour d'elle.

— La Porte attend, dit la voix. Et tu es celle qui l'ouvrira.

Léa sentit un frisson glacé envahir tout son corps. La vision s'évanouit aussi vite qu'elle était apparue, la laissant tremblante et désorientée. Elle regarda la clé dans sa main. Elle semblait plus lourde, plus froide qu'avant, comme si elle portait soudain tout le poids du monde.

— Je n'ouvrirai rien, murmura-t-elle, à moitié pour elle-même.

Mais une part d'elle savait qu'il était déjà trop tard. Ce qu'elle avait déclenché ici ne pouvait pas être arrêté.

Elle se força à bouger, à quitter la pièce oppressante. Elle franchit la porte métallique, ses pas résonnant dans le couloir désert. La lumière de sa torche vacillait encore, mais elle refusait de céder à la panique. Si elle voulait survivre, si elle voulait comprendre, elle devait rester lucide.

Alors qu'elle avançait, les gravures sur les murs se poursuivaient, devenant de plus en plus complexes, de plus en plus menaçantes. Certaines semblaient représenter des visages, des silhouettes tordues dans des postures de douleur ou de terreur. Chaque nouveau symbole renforçait l'idée que cet endroit n'était pas simplement un entrepôt abandonné, mais un sanctuaire, ou peut-être une prison, pour quelque chose qui n'aurait jamais dû être libéré.

Au bout du couloir, Léa trouva une autre porte, cette fois en bois massif, ornée d'un anneau de fer. Elle hésita un instant, mais une poussée d'instinct, ou peut-être une force extérieure, la poussa à l'ouvrir.

De l'autre côté, elle découvrit une vaste salle, éclairée par une lumière étrange et vacillante qui ne semblait pas avoir de source. Au centre, un cercle était tracé sur le sol, rempli de symboles identiques à ceux qu'elle avait vus jusque-là. Et debout, au milieu du cercle, une silhouette familière.

C'était l'homme du chapitre précédent, celui qui l'avait confrontée dans la pièce de la clé. Mais il avait changé. Son visage semblait plus pâle, presque translucide, et ses yeux brillaient d'une lumière surnaturelle.

— Tu es venue, dit-il, sa voix résonnant étrangement dans la pièce.

Léa sentit une rage froide monter en elle.

— Vous m'avez menée ici, dit-elle, serrant la clé dans sa main. Pourquoi ? Qu'est-ce que vous voulez vraiment ?

L'homme la regarda avec une intensité troublante.

— Ce que je veux ? Non, Léa. Ce n'est pas une question de ce que je veux. Tout cela dépasse nos désirs personnels. La clé doit être utilisée. La Porte doit être ouverte. C'est inévitable.

Léa secoua la tête, reculant d'un pas.

— Je refuse. Vous ne pouvez pas m'obliger à faire ça.

L'homme sourit tristement.

— Ce n'est pas moi qui t'oblige. C'est la clé elle-même. Elle t'a choisie, Léa. Et désormais, tu n'as plus le choix.

Avant qu'elle ne puisse réagir, les murs autour d'eux semblèrent trembler, et une onde de chaleur traversa la pièce. Les symboles gravés sur le sol s'illuminèrent, projetant des ombres mouvantes sur les murs. Une force invisible s'éleva, remplissant l'air d'une énergie écrasante.

Léa sentit un cri s'échapper de ses lèvres, mais il fut emporté par le rugissement qui emplit la pièce. Elle tenta de se détourner, de fuir, mais la clé dans sa main semblait la retenir, comme une ancre.

Et au cœur de ce chaos, une seule pensée résonnait dans son esprit : **La Porte attend.**

Chapitre 24 : Une Vérité Voilée

Lorsque Léa ouvrit les yeux, elle était allongée sur un sol froid et lisse. La clé, toujours serrée dans sa main, semblait émettre une légère chaleur, bien qu'elle eût l'impression que tout son corps était glacé. Autour d'elle, le silence était total, à l'exception d'un faible bourdonnement, comme si l'air lui-même vibrait.

Elle se redressa lentement, ses muscles protestant contre le mouvement. La salle qu'elle avait traversée semblait avoir changé. Les murs avaient disparu, remplacés par un horizon infini teinté d'un gris irréel. L'endroit n'avait ni plafond ni sol visible, seulement une sorte de brume qui se mouvait doucement, comme guidée par un souffle invisible.

— Où suis-je ? murmura-t-elle, sa voix résonnant étrangement.

— Là où toutes les réponses résident, répondit une voix qu'elle reconnaissait immédiatement.

Elle tourna la tête et aperçut l'homme qui l'avait confrontée plus tôt. Mais cette fois, il semblait différent. Sa silhouette n'était plus tout à fait humaine, ses contours flous, comme s'il était une projection d'une autre réalité. Ses yeux, cependant, restaient les mêmes, perçants et inquiétants.

— Vous, dit-elle avec une pointe de défi dans la voix. Qu'est-ce que vous m'avez fait ?

L'homme, ou ce qu'il était devenu, la regarda avec une expression mêlant amusement et compassion.

— Je ne t'ai rien fait, Léa. Tout cela… c'est toi.

Elle serra la clé dans sa main, son esprit luttant pour comprendre ce qu'il disait.

— Arrêtez de parler en énigmes ! explosa-t-elle. Qu'est-ce que cette clé ? Pourquoi moi ?

L'homme inclina légèrement la tête, comme s'il pesait ses mots.

— Cette clé, reprit-il calmement, est bien plus qu'un simple objet. C'est un lien, une passerelle entre ce monde et celui qui se trouve au-delà. Depuis des siècles, elle attendait quelqu'un comme toi.

Léa recula instinctivement.

— Pourquoi moi ? Je ne suis personne d'exceptionnel.

Le sourire de l'homme s'élargit, mais il n'y avait aucune joie dans son expression.

— C'est ce que tu crois. Mais ta curiosité, ton entêtement, ton refus de détourner le regard même face au danger… Ce sont ces qualités qui t'ont menée ici. Et ce sont ces mêmes qualités qui te condamneront.

Léa sentit la colère monter en elle.

— Vous ne savez rien de moi ! Vous parlez comme si tout cela était écrit d'avance, mais je refuse de croire que je suis une simple pièce sur un échiquier.

L'homme la regarda longuement, ses yeux brillant d'une étrange lueur.

— Peut-être as-tu raison, dit-il enfin. Peut-être que tout cela n'est pas prédestiné. Mais sache ceci : si tu ne fais rien, si tu abandonnes maintenant, le Cercle trouvera un autre moyen d'ouvrir la Porte. Et les conséquences seront bien pires que tout ce que tu peux imaginer.

Léa inspira profondément, son esprit tournant à toute vitesse. Elle se souvenait des symboles, des visions qu'elle avait eues, des murmures qui semblaient vouloir s'infiltrer dans son esprit. Tout cela pointait vers un choix qu'elle ne voulait pas faire.

— Et si je refuse ? demanda-t-elle d'une voix tremblante.

L'homme se rapprocha, son visage presque translucide à présent.

— Refuser, c'est laisser le chaos s'abattre sur ce monde. La clé a été forgée pour une raison, et la Porte doit être ouverte. La question n'est pas de savoir si cela arrivera, mais qui le fera, et à quel prix.

Il tendit une main vers elle, mais ne la toucha pas.

— Prends le contrôle, Léa. Si tu ne le fais pas, d'autres le feront, et ils n'auront ni tes scrupules ni ta force.

Elle le fixa, partagée entre la peur, la colère et une étrange forme de résignation. La clé dans sa main semblait vibrer légèrement, comme si elle attendait sa décision.

— Je ne vous fais pas confiance, dit-elle enfin. Mais si je dois protéger ce monde, je le ferai à mes conditions, pas aux vôtres.

L'homme inclina la tête, un éclat d'approbation dans son regard.

— Alors prouve-le, Léa. Trouve la Porte. Et fais ce qui doit être fait.

Avant qu'elle ne puisse répondre, il disparut, se fondant dans la brume environnante. Léa resta seule, le cœur battant, avec une seule certitude : le véritable affrontement ne faisait que commencer.

Chapitre 25 : Les Premiers Échos

Léa s'efforça de calmer sa respiration, le vide autour d'elle pesant comme un cauchemar qu'on ne pouvait fuir. La clé, bien qu'étrangement chaude, semblait absorber toute lumière. Elle avait l'impression qu'elle s'était éveillée à une dimension où même le temps avait perdu son sens.

Elle serra les poings. Elle avait fait une promesse, non seulement à elle-même, mais à ceux qu'elle protégeait : elle irait jusqu'au bout. Mais à chaque pas qu'elle faisait dans cet espace onirique, une voix au fond de son esprit lui murmurait qu'elle n'en reviendrait peut-être jamais.

Elle avança, lentement, comme guidée par une force invisible. À mesure qu'elle progressait, la brume autour d'elle s'épaississait, s'écartant par endroits pour révéler des fragments de réalité. Une rue déserte sous une pluie battante, une main ensanglantée abandonnée dans une flaque d'eau, un vieil homme assis dans l'obscurité, le regard perdu. Chaque vision semblait étrangement familière, comme des souvenirs qu'elle aurait voulu oublier.

— Ce sont des fragments, souffla-t-elle, des morceaux de ce que le Cercle a laissé derrière lui.

L'écho de sa voix se perdit dans l'immensité, mais sa conviction s'affermit. Si la clé la conduisait quelque part, elle devait continuer à avancer.

Elle atteignit finalement une structure massive qui se dessina lentement dans le brouillard. Une arche monumentale, taillée dans une pierre noire, ornée des mêmes gravures qui hantaient son esprit depuis des jours. L'arche semblait vivante, comme si elle respirait doucement, et une énergie sourde pulsait à travers ses lignes géométriques.

— La Porte, murmura-t-elle, les mots lourds d'une crainte instinctive.

Elle s'arrêta à quelques mètres de l'arche, sentant une force invisible l'empêcher d'avancer. Devant elle, un cercle de lumière apparut soudain, et au centre, une silhouette se matérialisa lentement.

C'était un homme qu'elle n'avait jamais vu auparavant. Il portait une longue robe sombre, et son visage, bien que marqué par l'âge, émanait une autorité écrasante. Ses yeux, aussi noirs que la pierre de l'arche, fixèrent Léa avec une intensité glaciale.

— Tu es enfin arrivée, dit-il d'une voix grave et posée.

Léa sentit son corps se raidir.

— Qui êtes-vous ? demanda-t-elle, son ton défiant malgré la peur qui l'envahissait.

L'homme ne répondit pas immédiatement. Il s'avança, ses pas résonnant comme des coups de tonnerre dans ce vide infini.

— Je suis le Gardien, dit-il enfin. Mon rôle est de veiller à ce que la clé trouve son chemin, et que ceux qui la portent comprennent ce qu'ils libèrent.

Léa haussa un sourcil, la méfiance se mêlant à son exaspération.

— Et je suppose que vous allez m'expliquer ce que tout cela signifie ? Parce que pour l'instant, tout ce que je vois, c'est un jeu cruel orchestré par des gens qui se croient au-dessus des autres.

Un sourire presque imperceptible passa sur le visage du Gardien.

— Tu as raison d'être en colère, Léa. Mais ne confonds pas le Cercle avec ce que je représente. Ils sont des usurpateurs, des êtres avides de pouvoir, incapables de comprendre ce qu'ils manipulent. Toi, en revanche, tu as été choisie pour une raison.

— Quelle raison ? gronda Léa, avançant d'un pas.

Le Gardien leva une main, comme pour apaiser sa rage.

— Parce que tu vois au-delà des apparences. Parce que tu es prête à affronter la vérité, peu importe à quel point elle est terrifiante.

Léa secoua la tête, exaspérée.

— Vous parlez comme tous les autres. La clé, la Porte, le Cercle… Tout ça n'a aucun sens ! Dites-moi la vérité, la vraie, ou laissez-moi tranquille.

Le Gardien la fixa longuement, comme s'il évaluait son âme.

— Très bien, dit-il finalement. La vérité est que cette Porte ne conduit pas seulement à une autre réalité. Elle est une prison. Et ce que le Cercle cherche à libérer n'est pas un savoir ancien ou un pouvoir divin. C'est une entité, une force primordiale, qui a été enfermée ici pour protéger ton monde.

Léa sentit un frisson lui parcourir l'échine.

— Une prison ? Pour quoi ?

Le Gardien détourna le regard, comme s'il hésitait à prononcer les mots.

— Une conscience qui transcende le temps et l'espace, une présence qui a presque détruit tout ce qui existe avant d'être enfermée ici. Si elle est libérée, Léa, rien ne pourra l'arrêter.

Léa resta immobile, essayant de comprendre l'ampleur de ce qu'il venait de dire.

— Alors pourquoi moi ? Pourquoi me donner cette clé si c'est si dangereux ?

Le Gardien planta ses yeux dans les siens.

— Parce que seule une âme pure peut décider. Une âme libre de l'avidité et de l'arrogance du Cercle. Cette clé est une arme, mais aussi un verrou. Et toi seule peux choisir si elle doit ouvrir ou sceller la Porte à jamais.

Léa serra les poings, la clé vibrant doucement dans sa main.

— Et si je décide de la sceller ?

Le Gardien esquissa un sourire triste.

— Alors tu condamneras ceux qui espèrent utiliser son pouvoir. Mais tu sauveras ce monde.

Un long silence s'installa. Léa sentit le poids de sa décision grandir, l'écho de son choix résonnant déjà dans cet espace intemporel.

— Très bien, dit-elle enfin, sa voix ferme. Mais je ne prendrai aucune décision sans comprendre tout ce qu'il y a à savoir. Et si cela signifie affronter cette… chose, alors qu'il en soit ainsi.

Le Gardien inclina la tête, comme en signe d'approbation.

— Prépare-toi, Léa. L'épreuve finale approche.

Puis, sans prévenir, il tendit une main vers elle. Une lumière intense jaillit, et l'arche sembla s'ouvrir, révélant un gouffre noir qui pulsait d'une énergie indescriptible. Léa sentit la clé devenir brûlante dans sa main, et un vent violent l'aspira vers la Porte.

Alors qu'elle franchissait le seuil, son esprit vacilla, et elle comprit que sa quête atteignait un point de non-retour.

Chapitre 26 : La Traversée

Léa franchit le seuil de la Porte dans un tumulte d'émotions contradictoires. Elle se sentit immédiatement projetée dans une spirale vertigineuse, son corps flottant sans repère tandis que son esprit luttait pour s'accrocher à une pensée cohérente. Les ténèbres n'étaient pas seulement une absence de lumière : elles semblaient vivantes, s'entrelacées en une tapisserie mouvante d'ombres et de murmures.

Chaque battement de son cœur résonnait comme un coup de marteau, faisant écho dans ce néant. Elle tenta de bouger, mais ses gestes étaient maladroits, comme si l'espace lui-même s'opposait à son mouvement. Une seule pensée résonnait dans son esprit : était-ce la fin ou un nouveau commencement ?

Peu à peu, le vide céda la place à un paysage inconcevable. Léa émergea dans une étendue qui semblait infinie, où des structures colossales flottaient en suspension dans un ciel qui défiait toute logique. Les couleurs changeaient constamment, oscillant entre des teintes que son esprit ne pouvait nommer. Des éclairs silencieux illuminaient des tours impossibles, hérissées de pics et de runes étincelantes.

Elle sentit une chaleur familière dans sa main et baissa les yeux. La clé était toujours là, mais elle brillait maintenant d'une lumière dorée, pulsant en harmonie avec les vibrations de cet endroit.

— Tu es enfin arrivée, Léa.

La voix surgit de nulle part, puissante et omniprésente, faisant vibrer l'air autour d'elle. Elle leva les yeux et aperçut une silhouette se former devant elle, émergeant des ombres comme si elle avait toujours été là.

Ce n'était pas le Gardien. Cette figure était bien plus grande, imposante, et émanait une énergie écrasante. Sa forme n'était pas humaine : elle semblait constituée de fragments de lumière et d'obscurité, son contour changeant constamment. Ses yeux, s'ils pouvaient être appelés ainsi, étaient des puits de vide, profonds et insondables.

— Qui êtes-vous ? demanda Léa, sa voix tremblante mais déterminée.

La silhouette s'avança, chaque pas provoquant une onde dans l'espace environnant.

— Je suis celui qui attend. Celui qui a été enfermé ici depuis des millénaires. Celui que les hommes craignent et adorent à la fois.

Léa sentit son souffle se couper.

— Vous êtes… l'entité derrière la Porte ? Celle que le Cercle cherche à libérer ?

Un grondement sourd, qui ressemblait presque à un rire, résonna autour d'elle.

— Le Cercle… Ces mortels arrogants pensent pouvoir contrôler ce qu'ils ne comprennent pas. Ils jouent avec des forces qui les dépasseront toujours. Mais toi, Léa, tu es différente.

Elle recula légèrement, la clé serrée dans sa main.

— En quoi suis-je différente ? Je ne suis qu'une personne ordinaire.

— Ordinaire ? répondit l'entité, sa voix se faisant plus douce, presque séduisante. Non, Léa. Tu es spéciale. Tu as été choisie parce que tu possèdes ce que les autres n'ont pas : le courage de regarder la vérité en face et la force de porter le poids du choix.

Léa sentit un mélange d'effroi et de fascination monter en elle.

— Et quel choix ? demanda-t-elle, bien qu'elle craignît déjà la réponse.

L'entité se rapprocha, et Léa sentit une chaleur écrasante émaner d'elle, comme si tout son être était baigné dans une lumière incandescente.

— La clé peut m'ouvrir la Porte et me libérer, ou elle peut refermer ce lien à jamais, me condamnant à l'oubli. Le choix t'appartient.

Léa resta immobile, son esprit en ébullition.

— Pourquoi devrais-je vous libérer ? Tout ce que j'ai entendu, tout ce qu'on m'a montré, suggère que vous êtes une menace pour mon monde.

— Une menace ? répondit l'entité, sa voix pleine de tristesse et de colère. Est-ce ainsi que les hommes définissent ce qu'ils ne comprennent pas ? J'ai vu des civilisations naître et disparaître. J'ai été témoin des cycles de destruction et de création. Oui, ma présence est puissante, mais elle n'est ni maléfique ni bienveillante. Je suis l'équilibre que votre monde a rejeté.

Léa sentit un doute s'insinuer en elle.

— Et si je vous enferme à jamais ?

Un long silence suivit, lourd de conséquences.

— Alors ton monde continuera comme il est, fragile et déséquilibré. Mais toi, Léa, tu porteras à jamais le poids de cette décision.

Elle regarda la clé dans sa main, sentant son pouls s'accélérer. Elle savait que cette décision marquerait le point culminant de tout ce qu'elle avait traversé.

— Vous me demandez de faire confiance à une force que je ne comprends pas, dit-elle enfin.

— Non, répondit l'entité. Je te demande de te faire confiance.

Léa leva les yeux, son regard croisant le vide insondable de celui qui lui parlait.

Elle inspira profondément.

Et elle fit son choix.

Chapitre 27 : L'Inévitable

Un éclair de lumière enveloppa Léa au moment où elle inséra la clé dans le creux de l'arche qui se dressait devant elle. Le mécanisme semblait vivant, vibrant sous ses doigts comme une créature qui se réveillait lentement après des siècles d'hibernation. À mesure qu'elle tournait la clé, un grondement sourd s'éleva, un son qui semblait provenir des entrailles même de cet univers étrange.

Les couleurs autour d'elle devinrent plus vives, presque insoutenables. Le sol, si l'on pouvait encore le qualifier ainsi, se mit à trembler, comme si cet endroit entier répondait à une force qui le dépassait. La silhouette de l'entité recula légèrement, ses contours devenant flous et changeants.

— Tu l'as fait, murmura-t-elle, et sa voix contenait une étrange combinaison de respect et de triomphe.

Léa ne répondit pas. Son esprit était focalisé sur le mécanisme qui continuait à s'activer. Des runes apparurent sur l'arche, brillant d'une lumière dorée. Chacune d'elles semblait transporter une partie de l'histoire du monde, des fragments de mémoire condensés en symboles.

Puis, tout s'arrêta.

Un silence lourd, presque palpable, envahit l'espace. Léa sentit son souffle se couper, comme si l'air lui-même avait été aspiré. Devant elle, l'arche s'ouvrit lentement, dévoilant une lumière aveuglante. Mais cette lumière n'était pas chaleureuse : elle était froide, brute, porteuse d'une énergie primordiale.

De cette lumière émergea une forme, immense et insaisissable. Elle ne ressemblait à rien de ce que Léa avait pu imaginer. L'entité ne semblait pas avoir de véritable corps : elle était un maelström de lumière et d'ombres, une force pure qui défiait toute définition.

Léa sentit ses genoux fléchir sous la pression. Mais elle resta debout, son regard ancré sur cette chose qu'elle avait libérée.

— Tu m'as rendu ma liberté, dit la voix de l'entité, résonnant à travers le vide et dans chaque fibre de son être.

— Je ne l'ai pas fait pour vous, répondit Léa, la voix ferme malgré le tremblement de ses mains. Je l'ai fait parce que j'ai compris que vous être enfermé ici ne résoudrait rien.

Un éclat de lumière traversa la forme de l'entité, comme une pulsation de reconnaissance.

— Et maintenant ? demanda Léa, le cœur battant à tout rompre. Que comptez-vous faire ?

L'entité sembla hésiter, ou peut-être réfléchissait-elle.

— Je n'ai pas de haine, Léa. Ni pour ton monde, ni pour ceux qui m'ont emprisonné. Mais le déséquilibre que ces actes ont créé doit être corrigé.

Léa serra les poings.

— Et si cela signifie détruire tout ce qui existe ?

L'entité se tourna vers elle, ou du moins, ce qui semblait être une forme de regard.

— La destruction n'est qu'une facette de l'équilibre. Mais ton monde a aussi une capacité infinie à se reconstruire.

Léa resta silencieuse. Elle savait qu'elle n'avait aucun pouvoir pour arrêter cette chose, et elle se sentait minuscule devant l'immensité de ce qu'elle avait libéré. Mais elle n'était pas prête à abandonner.

— Alors faites-le, dit-elle enfin, la voix empreinte de défi. Mais sachez que je resterai là pour m'assurer que l'équilibre que vous prétendez rétablir ne devienne pas un chaos incontrôlable.

L'entité sembla étudier ses paroles, puis un éclat de lumière l'entoura, plus doux cette fois.

— Tu es différente, Léa. Peut-être y a-t-il une sagesse que même moi, je ne peux comprendre.

Puis, dans un éclat final de lumière, l'entité se dissipa, s'élevant dans l'infini comme une étoile naissante. L'arche se referma doucement derrière elle, laissant Léa seule dans ce vide.

Elle tomba à genoux, épuisée. Tout autour d'elle semblait reprendre une forme tangible, et la clé, désormais froide, reposait dans sa main comme un objet ordinaire.

Elle savait que ce n'était que le début. La Porte était refermée, mais quelque chose de bien plus grand avait été libéré. Et elle serait là pour faire face à ce qui viendrait ensuite.

En silence, elle se releva, prête à affronter le monde qu'elle avait contribué à changer.

Chapitre 28 : Les Répercussions

Quand Léa ouvrit les yeux, elle était de retour. Le monde qu'elle connaissait semblait inchangé, mais tout en elle savait que quelque chose, quelque part, avait basculé. Elle se tenait au centre de la clairière où tout avait commencé, entourée des arbres imposants dont les branches formaient une canopée dense. La lumière du jour perçait à travers les feuilles, douce et chaleureuse, mais elle n'apportait aucune sérénité à Léa.

La clé reposait toujours dans sa main, inerte, comme un simple morceau de métal sans importance. Pourtant, elle sentait qu'elle portait désormais un poids bien plus grand que sa taille ne le laissait deviner. Elle glissa l'objet dans sa poche, puis observa autour d'elle. Tout était silencieux, trop silencieux.

Le vent, qui caressait les feuilles un instant plus tôt, sembla s'arrêter brusquement. Même les oiseaux, si bruyants d'habitude, semblaient avoir disparu. Un frisson lui parcourut l'échine. Elle savait que l'entité qu'elle avait libérée n'était plus là, du moins pas sous sa forme qu'elle avait vue. Mais son influence était bien réelle.

Elle fut sortie de ses pensées par un bruit de pas derrière elle. Elle se retourna rapidement, son cœur battant à tout rompre.

— Léa ?

C'était Marc. Il semblait épuisé, ses vêtements en désordre, mais son regard était alerte. Il s'approcha d'elle avec précaution, comme s'il craignait qu'elle ne disparaisse.

— Tu es là, souffla-t-il. On te cherchait partout.

Léa sentit une bouffée d'émotion monter en elle, mais elle la repoussa. Elle n'était pas prête à parler de ce qu'elle venait de vivre.

— Je suis là, dit-elle simplement, d'un ton plus froid qu'elle ne l'aurait voulu.

Marc fronça les sourcils, son regard passant de son visage à la clairière autour d'eux.

— Que s'est-il passé ? demanda-t-il doucement. Tout le monde est inquiet. Il y a eu… des phénomènes étranges, partout dans la région.

— Des phénomènes ? répéta Léa, la gorge sèche.

Marc hocha la tête.

— Des tremblements de terre. Des éclairs dans un ciel parfaitement dégagé. Des appareils électroniques qui cessent de fonctionner sans raison. Et ce n'est pas tout. Les gens disent avoir vu des choses… des ombres qui bougent, des lumières qui dansent dans les airs.

Léa sentit son estomac se nouer. Elle savait que ces événements n'étaient pas des coïncidences. L'énergie libérée par la clé et l'entité avait laissé une empreinte sur le monde, un changement qui ne passerait pas inaperçu.

— Il faut qu'on rentre, dit-elle brusquement, tournant les talons.

— Léa, attends ! protesta Marc en la suivant. Qu'est-ce que tu sais ? Pourquoi étais-tu ici ?

Elle s'arrêta, mais ne se retourna pas.

— Il y a des choses que tu ne veux pas savoir, Marc, murmura-t-elle.

— Ne me fais pas ça, répliqua-t-il, sa voix tremblante. Je t'ai suivie jusqu'ici parce que je crois en toi. Si quelque chose est arrivé, tu dois me le dire.

Elle ferma les yeux, respirant profondément. Mais avant qu'elle puisse répondre, un autre bruit attira leur attention. Un craquement, suivi d'un murmure indiscernable, comme si la forêt elle-même chuchotait.

— Tu as entendu ça ? demanda Marc, tendu.

Léa hocha la tête, son instinct en alerte. Elle chercha dans sa poche, serrant la clé comme un talisman.

Le murmure devint plus fort, se transformant en une cacophonie de sons discordants. Puis, soudain, une ombre passa rapidement entre les arbres, trop vite pour qu'ils puissent en discerner la forme.

— C'est quoi, ça ? chuchota Marc, reculant d'un pas.

Léa ne répondit pas. Elle savait que l'entité qu'elle avait libérée n'était pas malveillante, mais son retour dans le monde avait probablement réveillé d'autres forces, des forces qui n'avaient pas été endormies par hasard.

Elle se tourna vers Marc, son expression grave.

— Rentre au village, dit-elle. Préviens les autres de rester à l'intérieur et de ne pas sortir, quoi qu'il arrive.

— Et toi ? demanda-t-il, inquiet.

Elle le regarda droit dans les yeux.

— Je dois m'assurer que ça ne devienne pas incontrôlable.

— Léa…

Elle posa une main sur son bras.

— Fais-moi confiance, Marc.

Il hésita, puis acquiesça, reculant à contrecœur avant de se mettre à courir vers le village. Léa, quant à elle, se tourna vers les ombres mouvantes qui semblaient se rapprocher.

— Très bien, murmura-t-elle pour elle-même. Si c'est vous, venez.

Elle sortit la clé de sa poche et la brandit devant elle. Pour une raison qu'elle ne comprenait pas encore, elle savait que cet objet était plus qu'un simple outil pour ouvrir ou fermer une Porte. C'était aussi une arme, une protection, et peut-être même un guide.

Les ombres cessèrent de bouger, comme si elles avaient entendu son appel. Puis, lentement, elles commencèrent à converger vers elle, formant une masse informe qui pulsait comme un cœur géant.

Léa inspira profondément, se préparant à affronter ce qui allait venir. Elle ne savait pas si elle avait la force de gérer cette nouvelle menace, mais elle n'avait pas le choix.

Elle était prête.

Chapitre 29 : La Convergence

La masse sombre qui pulsait devant Léa semblait respirer, comme une créature vivante et consciente de sa propre existence. Les ombres ondulaient, se tordaient, prenaient des formes fugitives avant de se résorber dans l'obscurité, comme si elles cherchaient à se définir sans jamais y parvenir. Léa fixait cette apparition, son cœur battant à tout rompre, mais sa main, serrée autour de la clé, restait ferme.

— Qui êtes-vous ? demanda-t-elle d'une voix claire, défiant la terreur qui grondait en elle.

Les ombres cessèrent de bouger un instant, puis une voix émergea, indistincte, comme si elle venait de multiples directions à la fois.

— Qui nous sommes n'a pas d'importance. Ce qui importe, c'est ce que tu as fait.

Léa fronça les sourcils, tentant de garder son calme.

— Je n'ai fait que libérer une force qui était enfermée depuis trop longtemps.

— Une force qui nous maintenait en sommeil, répondit la voix, plus forte cette fois, empreinte d'un reproche. Tu as brisé l'équilibre en ouvrant la Porte.

Léa sentit une bouffée de culpabilité monter en elle, mais elle la repoussa.

— L'équilibre n'existait pas. Vous n'étiez qu'une conséquence de ce qui avait été fait.

Un ricanement froid s'éleva, un son qui semblait s'immiscer directement dans son esprit.

— Crois-tu comprendre ce que tu as déclenché, humaine ? Nous sommes les fragments de l'entité que tu as libérée, des morceaux rejetés, des échos de son ancienne puissance. Et maintenant que la Porte est ouverte, nous sommes libres.

Léa recula d'un pas, la clé brûlant légèrement dans sa main.

— Si vous êtes libres, pourquoi êtes-vous ici ? Pourquoi m'affrontez-vous ?

Les ombres s'étirèrent, formant une figure humanoïde indistincte, haute et imposante, qui semblait se pencher vers elle.

— Parce que tu es le pivot, murmura la voix, maintenant plus proche. Ce monde tourne autour de toi, et à travers toi, il peut être façonné.

Léa sentit un frisson lui parcourir l'échine.

— Je ne suis qu'une personne ordinaire. Je n'ai aucun pouvoir.

La forme sombre se contracta, puis sembla éclater en un tourbillon d'énergies éthérées avant de se reformer.

— Tu possèdes la clé. Tu as ouvert la Porte. Ces actes seuls suffisent à te définir comme plus qu'ordinaire.

Léa serra la clé encore plus fort, son esprit cherchant désespérément une solution.

— Et maintenant ? Qu'attendez-vous de moi ?

La voix resta silencieuse un moment, comme si elle pesait sa réponse. Puis elle reprit, plus sombre, plus pressante.

— La clé peut te permettre de nous dompter, de nous unir à nouveau à l'entité que tu as libérée. Mais si tu échoues, nous serons libres de dévorer ce monde.

Léa sentit son souffle se couper. L'ampleur de sa tâche était terrifiante. Mais elle n'avait pas le luxe de reculer.

— Très bien, dit-elle finalement, sa voix tremblante mais résolue. Dites-moi ce que je dois faire.

Les ombres semblèrent se retirer légèrement, formant un cercle autour d'elle.

— Tu dois franchir à nouveau la Porte. Là-bas, tu pourras choisir de nous unir ou de nous annihiler. Mais sois avertie, humaine : ce que tu découvriras au-delà pourrait te briser.

Léa hocha la tête. Elle savait que cette mission était au-delà de tout ce qu'elle avait imaginé lorsqu'elle avait mis les pieds dans cette clairière. Mais elle n'était pas seule. Elle avait la clé, et elle avait appris à puiser dans une force qu'elle ne savait pas posséder.

Elle fit un pas en avant, et les ombres s'écartèrent, révélant une nouvelle arche. Elle était différente de la première : plus grande, plus imposante, et couverte de symboles qui pulsaient d'une lumière rougeâtre.

— La clé, murmura la voix. Elle est ta seule arme, mais aussi ton seul guide.

Léa inspira profondément, levant la clé devant elle. L'objet semblait réagir, chauffant légèrement dans sa main, comme s'il répondait à l'énergie de l'arche.

Elle s'arrêta un instant, jetant un dernier regard derrière elle. La forêt était encore là, paisible et silencieuse, mais elle savait que ce paysage ne serait plus jamais le même.

Elle franchit l'arche, et le monde s'effaça autour d'elle.

Un nouveau voyage commençait.

Chapitre 30 : Au Cœur du Nexus

Léa se retrouva plongée dans une obscurité totale, un vide si profond qu'elle ne savait plus si ses yeux étaient ouverts ou fermés. Pourtant, elle avançait, guidée uniquement par la chaleur vibrante de la clé dans sa main. Autour d'elle, le silence n'était pas vraiment un silence. Elle percevait des murmures à peine audibles, comme si des voix anciennes chantaient dans une langue oubliée.

Chaque pas qu'elle faisait semblait résonner à l'infini, et la sensation d'être observée ne la quittait pas. Elle se demanda si les ombres qui l'avaient défiée plus tôt étaient encore présentes, invisibles mais toujours à l'affût.

Soudain, une lumière pâle se mit à briller au loin, faible et vacillante, comme une étoile naissante dans un ciel d'encre. Léa accéléra le pas, attirée par cette lueur, jusqu'à ce qu'elle débouche dans un espace qui défiait toute logique.

Le lieu n'était ni une pièce, ni un paysage. C'était un mélange de formes géométriques impossibles, d'espaces qui semblaient à la fois proches et inaccessibles. Des plateformes flottantes s'étendaient dans toutes les directions, reliées par des ponts de lumière éphémères. Des sphères lumineuses tournaient lentement, projetant des ombres mouvantes sur des parois inexistantes.

Au centre de tout cela, une immense figure flottait. Ce n'était pas une forme humanoïde, mais un assemblage de lumière et de matière, un noyau vibrant entouré d'anneaux tournoyants. C'était l'entité qu'elle avait libérée, ou peut-être une partie d'elle.

— Léa, dit une voix, douce mais imposante, résonnant directement dans son esprit.

Elle s'arrêta, fixant cette présence imposante.

— Vous… êtes le Nexus ? demanda-t-elle, hésitante.

— Je suis la convergence, répondit la voix. Le point d'équilibre entre ce qui a été et ce qui sera.

Léa serra la clé dans sa main, sentant son énergie pulser en rythme avec celle de l'entité.

— Pourquoi suis-je ici ? Pourquoi moi ?

La lumière autour de la figure pulsa, et une vague de chaleur l'enveloppa.

— Parce que tu as osé ouvrir la Porte, dit la voix. Et parce que tu es capable de voir au-delà du chaos.

Léa hésita.

— Les ombres… Elles disent que vous les avez rejetées. Que vous les avez laissées derrière.

Un silence suivit, comme si l'entité pesait sa réponse.

— Les ombres sont les fragments de moi-même, les reflets des choix et des sacrifices que j'ai faits pour maintenir cet univers en équilibre. Elles sont nécessaires, mais elles ne peuvent coexister avec ma forme actuelle.

— Elles veulent se réunir avec vous, dit Léa. Mais elles m'ont dit qu'il y aurait un prix.

La lumière s'intensifia, et Léa sentit une pression dans son esprit, comme si on sondait ses pensées les plus profondes.

— Leur réunion entraînera une destruction temporaire, répondit l'entité. Mais de cette destruction naîtra un nouvel équilibre.

Léa inspira profondément.

— Et si je refuse ?

La lumière vacilla, comme une flamme sous le souffle du vent.

— Si tu refuses, les ombres s'étendront. Elles consumeront tout, lentement, inexorablement. L'équilibre ne peut être maintenu que par la convergence ou par leur annihilation.

Léa sentit le poids de cette décision s'abattre sur elle.

— Alors, comment puis-je… les unir à vous ?

L'entité projeta une image devant elle : un cercle parfait, symbolisant l'unité, brisé en plusieurs morceaux. Au centre, la clé flottait, entourée d'une lumière aveuglante.

— Plante la clé dans le Nexus, murmura la voix. Mais sache que cela demandera un sacrifice. Une partie de toi-même devra devenir une partie de moi.

Léa recula instinctivement.

— Une partie de moi ?

— Ton essence, ton humanité. Pour sceller les fragments, il faut un lien, un catalyseur. Et tu es la seule à pouvoir le fournir.

Le silence retomba, lourd et pesant. Léa regarda la clé, puis le Nexus. Elle savait que cette décision changerait tout, pas seulement pour elle, mais pour le monde entier.

— Et si je choisis de les détruire ? demanda-t-elle.

L'entité sembla vaciller, comme si cette option n'était qu'un dernier recours.

— Alors, insère la clé dans leur cœur. Elles s'effaceront, mais à un prix plus grand encore. Leur disparition laissera un vide, un déséquilibre qui mettra des siècles à se résorber.

Léa ferma les yeux, se battant avec elle-même. D'un côté, elle voulait protéger son monde, mais de l'autre, elle craignait les conséquences de chacun de ses choix.

— Je ne peux pas décider seule, murmura-t-elle.

La lumière s'intensifia, inondant tout autour d'elle.

— Tu n'es pas seule, Léa. Tes choix résonnent à travers les âges. Fais ce qui te semble juste.

Avec une dernière inspiration, Léa fit un pas en avant, serrant la clé dans sa main, prête à affronter son destin.

Chapitre 31 : La Décision

Léa avançait, chaque pas résonnant dans le vide infini qui entourait le Nexus. La clé, toujours serrée dans sa main, pulsait comme un cœur, vibrant en harmonie avec l'énergie qui l'entourait. Elle se tenait maintenant face à l'entité, ce noyau lumineux et imposant qui semblait attendre, patient et omniprésent.

Elle inspira profondément. Son esprit était une tempête de pensées, de doutes et de peurs. Chaque mot de l'entité résonnait encore dans sa tête : *Une partie de toi-même devra devenir une partie de moi.*

Mais elle n'était pas seulement confrontée à cette option. Les ombres, qui attendaient toujours dans l'obscurité, étaient tout aussi terrifiantes. Leur annihilation créerait un déséquilibre qui plongerait le monde dans une longue période de chaos.

Elle leva les yeux vers le Nexus.

— Si je me sacrifie, murmura-t-elle, que deviendrai-je ?

La voix du Nexus résonna doucement, sans jugement ni pression.

— Tu deviendras une partie de l'équilibre, une extension de moi. Ton esprit et ton essence vivront à travers la convergence. Tu ne disparaîtras pas, mais tu ne seras plus toi-même.

Léa sentit son cœur se serrer. Elle pensa à Marc, au village, à tout ce qu'elle avait laissé derrière elle. Abandonnerait-elle sa vie, ses souvenirs, pour une cause qu'elle ne comprenait qu'à peine ?

Mais si elle choisissait l'annihilation des ombres, les conséquences seraient également graves. Le vide qu'elles laisseraient derrière elles serait une blessure béante dans l'équilibre du monde.

— Je ne peux pas faire ça seule, murmura-t-elle, presque en larmes.

Une présence chaleureuse sembla l'entourer, comme si le Nexus essayait de la réconforter.

— Tu es ici parce que tu es la seule qui peut prendre cette décision, Léa. Mais sache que, quoi que tu choisisses, ton courage ne sera pas oublié.

Elle regarda la clé. Sa surface brillait d'une lumière douce, presque apaisante, mais elle sentait le poids immense qu'elle portait.

— Très bien, dit-elle finalement, sa voix tremblant légèrement. Je vais unir les fragments.

La lumière du Nexus s'intensifia, illuminant tout autour d'elle. Les plateformes de lumière et les sphères flottantes se mirent à tourner plus rapidement, créant une danse hypnotique.

— Approche, dit la voix. Place la clé dans le Nexus, et nous serons unifiés.

Léa s'avança. Chaque pas semblait plus lourd que le précédent, comme si l'univers entier pesait sur ses épaules. Elle atteignit finalement le cœur du Nexus, où une fente étroite et lumineuse semblait l'attendre.

Elle leva la clé, ses mains tremblant légèrement.

— Marc, murmura-t-elle, presque pour elle-même. Je suis désolée.

Elle inséra la clé dans la fente.

Une explosion de lumière envahit tout. Pendant un instant, Léa sentit son esprit se dissoudre, se mêler à une énergie infinie et indescriptible. Elle voyait tout : les ombres se reformant, se rassemblant dans une danse chaotique, puis s'intégrant doucement au Nexus. L'univers semblait vibrer, comme s'il retenait son souffle, avant de se stabiliser.

Puis, elle ne sentit plus rien.

Quand Léa ouvrit les yeux, elle était de nouveau dans la clairière. La forêt semblait paisible, les ombres dansantes avaient disparu, et le ciel au-dessus d'elle était clair. Elle se redressa lentement, mais quelque chose était différent.

Elle se sentait vide, comme si une partie d'elle avait été arrachée. Mais en même temps, elle percevait quelque chose de nouveau : une connexion, une compréhension profonde du monde qui l'entourait.

Elle entendit des pas derrière elle.

— Léa !

C'était Marc. Il courait vers elle, visiblement soulagé de la trouver.

— Tu vas bien ? demanda-t-il en s'arrêtant devant elle, essoufflé.

Elle hocha la tête, mais ses yeux étaient remplis de tristesse.

— C'est fini, dit-elle doucement.

Marc la regarda, confus.

— Fini ? Qu'est-ce qui est fini ?

Léa se leva, balayant la clairière du regard.

— Tout. Les ombres, le Nexus… L'équilibre est rétabli.

Marc ne comprenait pas tout ce qu'elle disait, mais il voyait la fatigue dans ses yeux, la douleur qu'elle portait.

— Tu as fait ce qu'il fallait, dit-il doucement.

Elle lui sourit faiblement.

— Peut-être. Mais rien ne sera plus jamais pareil.

Elle regarda la forêt une dernière fois avant de se tourner vers Marc.

— Il est temps de rentrer, dit-elle.

Ils partirent ensemble, laissant derrière eux la clairière et les mystères qu'elle renfermait. Mais Léa savait qu'une partie d'elle resterait toujours là, dans ce lieu entre les mondes, veillant sur l'équilibre qu'elle avait juré de protéger.

Chapitre 32 : Les Derniers Échos

Les jours qui suivirent la réconciliation du Nexus furent étranges pour Léa. Bien que la paix semblait régner à l'extérieur, un malaise diffus persistait dans son esprit. Elle se réveillait chaque matin en sursaut, comme si quelque chose de fondamental avait changé sans qu'elle n'en comprenne tous les aspects. La clé, qu'elle avait gardée tout ce temps, reposait désormais sur sa table de chevet. Elle ne la portait plus comme avant, mais son pouvoir, elle le savait, n'avait pas disparu.

Marc, quant à lui, semblait apaisé. Il était heureux de la retrouver en vie, de la voir libre de ses tourments. Mais malgré son réconfort, Léa sentait que tout n'était pas fini. Elle n'était plus exactement la même. Elle savait qu'une partie de son âme avait été donnée au Nexus, une partie d'elle-même perdue dans l'immensité de cet équilibre fragile. Elle avait eu raison de choisir l'union des fragments, mais à quel prix ?

Elle se leva ce matin-là, regarda le ciel à travers la fenêtre de sa chambre. Le soleil se levait lentement, baignant le monde d'une lumière douce. Mais ce n'était plus le même monde. Les ombres ne se mêlaient plus à la lumière de la même manière, les paysages semblaient étrangement plus clairs, plus nets, comme si un voile avait été levé.

Marc l'avait retrouvée au cœur de la clairière, là où tout avait commencé, mais il avait vu en elle une personne différente. Il ne pouvait comprendre entièrement les changements qu'elle avait vécus, mais il savait, d'instinct, qu'elle n'était plus la même.

Le téléphone de Léa sonna brusquement, brisant ses pensées. Elle décrocha, reconnaissant la voix de Sarah, son ancienne collègue.

— Léa, tu es là ? Tu… tu dois voir ça.

Léa sentit une légère appréhension. Elle connaissait bien Sarah, et une urgence dans sa voix n'était jamais bon signe.

— Que se passe-t-il ? demanda-t-elle, d'un ton calme mais inquiet.

— C'est… c'est difficile à expliquer. Mais il y a des signes. Des anomalies. Je crois que ce que tu as fait, ça a laissé des traces.

Léa frissonna. Elle savait que l'équilibre rétabli ne pourrait pas être parfait. Mais les anomalies… ces signes qu'évoquait Sarah étaient un avertissement. Un souvenir du Nexus qu'elle n'avait pas complètement effacé.

— Où es-tu ? demanda-t-elle.

— Je t'envoie l'adresse. Viens vite.

Léa raccrocha et se précipita vers la porte. Marc la rejoignit dans le hall, visiblement inquiet.

— Qu'est-ce qui se passe ?

Elle se tourna vers lui, hésitante. Elle ne voulait pas l'entraîner dans quelque chose de plus vaste qu'il ne pouvait comprendre. Mais il savait qu'il ne pouvait pas la laisser partir seule.

— Sarah dit qu'il y a des anomalies. Des signes qui montrent que quelque chose ne va pas.

Marc se rapprocha d'elle, posant une main rassurante sur son épaule.

— Alors on y va ensemble.

L'appartement de Sarah était situé dans un quartier calme de la ville, mais en arrivant, Léa eut immédiatement l'impression que tout avait changé. Le bâtiment semblait figé dans un étrange silence, comme si le temps s'y était arrêté. Lorsqu'elle frappa à la porte, Sarah lui ouvrit immédiatement, son visage pâle et préoccupé.

— Je t'ai dit qu'il fallait venir, souffla Sarah, visiblement nerveuse.

Elle les invita à entrer, et Léa remarqua que la pièce semblait plus sombre que d'habitude. Les rideaux étaient fermés, et une lumière faible émanait d'un écran d'ordinateur posé sur une table.

— Qu'est-ce que tu as trouvé ? demanda Léa, son ton direct mais calme.

Sarah pointa l'écran, où une série de graphiques complexes défilaient rapidement. Des chaînes de données entrecroisées, des points lumineux qui semblaient se multiplier, créer des interférences.

— Regarde ça, dit-elle. Depuis que… depuis que la Porte a été ouverte, il y a des fluctuations. Des perturbations qui se propagent dans l'espace-temps. Elles sont petites, mais constantes.

Léa se pencha sur l'écran, examinant les données. Les perturbations étaient minimes, presque invisibles au premier regard, mais elle savait que, si elles étaient laissées sans réponse, elles deviendraient plus graves.

— Ces fluctuations, c'est lié à ce que j'ai fait, n'est-ce pas ?

Sarah hocha la tête.

— Oui. Et elles ne s'arrêtent pas. Je pense qu'elles s'intensifient même. C'est comme si la Porte n'avait pas été totalement fermée. Ou… comme si un passage entre les mondes était encore ouvert, d'une manière ou d'une autre.

Léa sentit un frisson la parcourir. Un passage entre les mondes… Cela signifiait que quelque chose échappait encore à son contrôle, quelque chose qu'elle n'avait pas entièrement maîtrisé.

— Qu'est-ce que tu proposes ? demanda Marc, qui semblait de plus en plus inquiet.

Sarah se tourna vers lui.

— Nous devons trouver ce qui reste de la Porte, ce qui la maintient ouverte. Si nous ne faisons rien, ces anomalies finiront par se renforcer. Et nous pourrions perdre tout ce que nous avons fait.

Léa se tourna vers Marc, son regard déterminé.

— Alors il n'y a pas de choix. Nous devons aller au fond de tout ça.

Elle savait que ce qu'elle avait commencé n'était pas terminé. La réouverture de la Porte avait permis la convergence, mais elle avait également laissé une brèche. Une brèche qu'il fallait maintenant refermer avant qu'elle n'entraîne des conséquences irréversibles.

— Il est temps de mettre un terme à tout cela, murmura Léa, son esprit déjà tourné vers la mission à accomplir.

Chapitre 33 : Le Retour du Nexus

Le ciel était sombre, comme si les nuages s'étaient rassemblés pour observer ce qui allait se passer. Léa, Marc, et Sarah se tenaient devant l'entrée d'un ancien bâtiment abandonné, un lieu que Léa n'avait pas revisité depuis la nuit où elle avait ouvert la Porte. Mais ce n'était pas la même Porte, ni le même Nexus. Ce qu'ils allaient trouver dans cet endroit pourrait bien être la clé de la fin de tout ce chaos, ou son amplification irréversible.

Le bâtiment semblait presque inerte, comme une coquille vide. Mais Léa savait que, sous cette apparence, quelque chose de bien plus grand se cachait. À chaque pas qu'elle faisait, elle sentait la présence de l'autre côté, cette présence qu'elle avait affrontée et laissée derrière elle, mais qui n'avait jamais complètement disparu. La brèche entre les mondes, la fissure laissée par sa décision de fusionner les fragments, était plus grande que ce qu'elle avait imaginé.

— C'est ici, dit-elle, sa voix grave résonnant dans l'obscurité.

Sarah baissa les yeux sur l'écran de son portable. Les données qu'elle avait collectées étaient encore plus perturbantes : les anomalies se concentraient ici, dans ce lieu précis.

— Les fluctuations sont plus fortes. C'est comme si ce bâtiment était le point focal de l'énergie restante.

Marc, qui observait les alentours, fronça les sourcils.

— Il y a quelque chose dans l'air. Une tension… presque palpable.

Léa acquiesça, sentant également cette étrange énergie qui semblait imprégner chaque pierre, chaque fissure de ce lieu. Elle avait déjà vécu ce genre de sensation, au moment où la Porte avait été ouverte pour la première fois. Mais cette fois, elle savait que les enjeux étaient bien plus importants.

Ils pénétrèrent dans l'immeuble, leurs pas résonnant sur le sol poussiéreux. À l'intérieur, il faisait sombre, mais des lueurs pâles semblaient émaner des murs eux-mêmes, comme si la lumière se frayait un chemin à travers la réalité déformée de cet endroit. Léa ferma les yeux un instant, écoutant les murmures subtils dans l'air. Ce n'était pas la voix du Nexus, mais plutôt quelque chose de plus ancien, plus primaire, comme un souffle lourd et mourant.

— On dirait que cet endroit est en train de mourir, dit Marc, brisé par la même impression.

— Il n'est pas encore trop tard, dit Léa, mais la brèche est plus grande que je ne l'avais imaginé.

Ils atteignirent une grande salle au centre du bâtiment. Le sol était jonché de débris, mais au fond, une forme familière se tenait là, flottant dans l'air. Le Nexus. Ou du moins, ce qu'il en restait.

Lentement, Léa s'approcha de la silhouette flottante. C'était comme une ombre de ce qu'elle avait vu auparavant, mais plus chaotique, plus déformée. Des éclats de lumière se déchiraient dans l'air autour d'elle, donnant l'impression que l'espace était sur le point de se déchirer.

— Qu'est-ce que c'est ? demanda Sarah, les yeux écarquillés de confusion et d'inquiétude.

Léa baissa les yeux vers la clé qu'elle tenait toujours dans sa main. La lumière qui en émanait, bien que faible, semblait lutter contre l'obscurité croissante.

— C'est… c'est la dernière étape, dit-elle, presque à elle-même. Si je ne fais rien, ce que vous voyez là va engloutir le monde entier. Les fragments sont sur le point de se dissoudre à nouveau. Ils vont se mélanger avec les ombres, et ce qui en sortira ne sera rien de ce que nous connaissons.

— Alors on doit intervenir immédiatement ! s'écria Sarah. Ce Nexus… il ne devrait pas être là.

Léa sentit une vague de chaleur parcourir son corps alors qu'elle s'approchait du cœur du Nexus. Elle savait ce qu'elle devait faire, mais cela signifiait un dernier sacrifice, celui qu'elle redoutait plus que tout. Si elle insérait la clé, elle serait à nouveau une part de cet équilibre, et tout ce qui allait en découler.

Elle tourna la clé dans sa main, regardant Marc et Sarah une dernière fois.

— Il est temps de tout refermer. Si je fais cela, il n'y aura pas de retour.

Marc la regarda intensément, comme s'il comprenait la profondeur de son sacrifice. Mais il n'ajouta rien, se contentant de la regarder dans les yeux.

Sarah, en revanche, hésitait. Elle voulait comprendre, elle voulait aider, mais Léa savait qu'il n'y avait plus de place pour les questions. Il n'y avait plus de temps.

— Léa, je… je ne sais pas ce qui va se passer, mais si tu es prête, alors allons-y, dit Sarah, la voix tremblante.

Léa se tourna vers le Nexus, son cœur battant à tout rompre. Elle approcha lentement la clé de l'entité flottante. La lumière qui en émanait semblait aspirer tout autour d'elle, engloutissant les derniers vestiges de l'obscurité. Elle ferma les yeux et inséra la clé dans le cœur du Nexus.

Un cri perça l'air, un cri si puissant qu'il fit vibrer le sol sous leurs pieds. La lumière devint aveuglante, et Léa sentit une énergie pure l'envelopper. Elle n'était plus simplement elle-même, mais une part de l'équilibre. Elle était le lien entre ce monde et l'autre, le catalyseur d'une transformation qu'elle ne pouvait comprendre.

Et puis, tout s'éteignit.

Lorsque Léa ouvrit les yeux, elle n'était plus dans le bâtiment. Elle se tenait dans une grande salle, au centre d'un vaste espace qui semblait sans fin. La brèche était fermée. Le Nexus avait disparu, et tout autour d'elle, il n'y avait que le silence d'une paix retrouvée.

Marc et Sarah étaient là, mais il n'y avait plus d'anomalies, plus de perturbations. Le monde était en équilibre.

Léa se laissa tomber à genoux, épuisée. Elle avait sacrifié une partie de son âme pour restaurer l'équilibre, mais elle savait que ce qu'elle avait fait était nécessaire. Le monde était sauvé. Et peut-être, un jour, elle comprendrait ce qu'il en restait de son essence, là, dans ce vaste silence.

Elle fit un pas en avant, hésitant. Tout dans cet endroit semblait désorienté, comme si les lois de la nature avaient été modifiées, comme si la réalité elle-même était en train de se reconfigurer. Mais cette sensation de déséquilibre, elle ne l'avait pas ressentie jusque-là. Les ombres étaient plus que des formes sans substance. Elles avaient une énergie, une volonté propre. Et Léa le ressentait de manière intime, presque viscérale.

— Qui êtes-vous ? cria-t-elle, sa voix rompant le silence.

Les ombres ne répondirent pas, mais elles commencèrent à se rassembler. Lentement, elles se formaient, se densifiant, devenant plus distinctes. La lumière dans la pièce vacilla, comme si la simple présence de ces entités perturbait la stabilité de l'espace lui-même. Léa se tenait prête. Si elle voulait comprendre ce qu'il se passait, elle devait faire face à ce qui approchait.

Puis, une voix résonna, mais ce n'était pas la voix apaisante de l'entité, ni celle de l'équilibre. C'était une voix glacée, remplie de malveillance.

— Léa, tu as cru que tout était terminé, n'est-ce pas ? Tu as pensé que la brèche était refermée, que l'équilibre était rétabli. Mais tu t'es trompée. L'ombre est toujours là. Et elle te cherche.

Les ombres s'agitaient autour d'elle, comme des créatures attirées par la lumière. Léa comprit que cette voix n'était pas simplement un écho. C'était la voix du Nexus, ou ce qu'il en restait, une forme déchue, une entité qui n'avait pas accepté sa propre destruction. Ce qu'elle avait cru avoir scellé n'était qu'un leurre. L'équilibre, cette illusion de paix, n'était que temporaire.

— Tu n'as pas détruit le Nexus, Léa. Tu l'as seulement repoussé, répliqua la voix. Il revient toujours, sous une forme ou une autre.

Léa sentit une vague de colère monter en elle. La vérité était plus complexe qu'elle ne l'avait imaginé. Ce n'était pas seulement une question de fermer une porte, de sceller un Nexus. Elle n'avait pas compris la véritable portée de son sacrifice. Tout ce qu'elle avait fait, tout ce qu'elle avait enduré, n'était qu'un acte de survie pour le monde, un acte nécessaire. Mais ce n'était pas la fin. Ce n'était jamais la fin. Il y avait toujours un prix à payer.

Elle se leva, son regard déterminé, ses mains tremblantes de colère et de frustration. Elle avait cru qu'elle pourrait changer les choses, que l'équilibre serait préservé. Mais il y avait toujours des forces qui cherchaient à détruire. Des ombres, des entités qui attendaient dans l'obscurité, prêtes à émerger à nouveau.

— Je ferai face à vous, dit-elle d'une voix forte, cette fois sans doute ni hésitation. Si l'équilibre doit être restauré, alors je le ferai, peu importe le coût.

Les ombres se figèrent un instant, comme si elles reconnaissaient la force dans ses paroles. La voix se fit plus basse, presque un murmure.

— Tu ne peux pas lutter contre ce qui est inévitable, Léa. L'équilibre a toujours un prix. Et toi, tu en connais maintenant la valeur.

Les ombres s'intensifièrent, entourant Léa comme une marée noire prête à engloutir tout sur son passage. Elle ne savait pas encore comment elle affronterait cette nouvelle menace, ni si elle en sortirait indemne. Mais elle savait une chose : elle ne pouvait pas fuir. Pas cette fois.

Elle ferma les yeux un instant, se concentrant sur cette nouvelle énergie en elle, une force qu'elle n'avait pas encore totalement comprise. Mais elle savait qu'elle avait une chance, une chance de repousser les ténèbres. Si elle pouvait seulement comprendre comment canaliser cette énergie, elle pourrait encore sauver ce qui restait.

Et dans cette obscurité grandissante, elle sentit la lumière en elle, plus forte que jamais. Le combat n'était pas terminé. Il venait à peine de commencer.

Chapitre 36 : La Lumière dans les Ténèbres

Léa n'avait pas le temps de se perdre dans des réflexions inutiles. Les ombres s'étaient maintenant rassemblées autour d'elle, leur forme devenant plus nette, plus tangible. Elles l'observaient, mais il y avait quelque chose d'étrange dans leur mouvement. Elles n'étaient pas simplement des entités sans conscience, comme elle l'avait d'abord cru. Non, ces ombres étaient animées par une intention, une volonté. Elles semblaient se délecter de sa présence, comme si elles attendaient son prochain geste pour réagir.

Mais Léa savait que l'instant de l'inaction était révolu. Elle devait agir, et vite. La voix de l'entité déchue, ce résidu du Nexus, continuait à résonner dans son esprit, son murmure glaçant comme la brume d'une nuit sans fin.

— Tu as réveillé les ombres, Léa. Elles ne te laisseront pas partir.

Le sol trembla sous ses pieds, comme si une énergie invisible se mettait en mouvement, prête à engloutir tout sur son passage. Les ombres se resserraient autour d'elle, lentement, mais inéluctablement, comme des serpents prêts à frapper. Léa sentit la pression s'intensifier, une chaleur invisible émanant de l'air. Elle pouvait presque sentir les ténèbres l'envelopper, la forcer à céder, à douter.

Mais il y avait quelque chose d'étrange, quelque chose de plus en elle, un pouvoir qu'elle n'avait pas encore appris à contrôler. Elle avait toujours su que la lumière ne pouvait exister sans l'ombre, mais cette fois, ce n'était pas simplement une question de contraste entre les deux. La lumière qui émanait d'elle n'était pas une lumière physique, mais une énergie intérieure. Une essence pure qui n'appartenait qu'à elle. Et au cœur de cette énergie se trouvait une vérité qu'elle ne comprenait que maintenant : elle n'était pas simplement là pour préserver l'équilibre. Elle était là pour rétablir l'ordre, pour exorciser les ténèbres.

Elle tendit la main, se concentrant, cherchant à puiser dans cette lumière intérieure. Ses doigts se fermèrent lentement, formant un poing. L'air autour d'elle vibra, comme une corde tendue, prête à se briser. L'énergie en elle se resserra, puis éclata en une lumière éclatante, une onde de force pure qui s'étendit dans la pièce. Un cri silencieux s'éleva dans son esprit, comme une résonance d'un ancien savoir qu'elle n'avait jamais appris, mais qu'elle reconnaissait maintenant instinctivement.

Les ombres reculèrent, frappées par l'intensité de la lumière. Mais elles n'étaient pas complètement détruites. Elles se reformaient, se regroupant dans les coins sombres, là où la lumière ne pouvait pas les atteindre. Léa savait que ce n'était pas suffisant. Il lui fallait plus de puissance. Elle ferma les yeux un instant, rassemblant toute la force qu'elle pouvait dans son être. Elle se souvint des paroles de la voix : "L'équilibre a toujours un prix." Ce prix, elle le connaissait maintenant. Elle devait sacrifier une part d'elle-même pour faire face à ce qui l'attendait.

Elle ferma les yeux plus fermement, cherchant à se connecter à l'essence de l'équilibre. Elle savait que l'obscurité ne pouvait être détruite définitivement. Elle ne faisait que coexister avec la lumière, un yin et un yang, une danse éternelle entre les deux. Mais parfois, la lumière devait briller plus fort pour repousser l'obscurité. C'était cela, le vrai rôle d'un gardien.

Léa éleva les bras au ciel, ses yeux s'ouvrant sur la pièce désormais plongée dans une obscurité dense, presque palpable. Elle cria, non pas pour appeler à l'aide, mais pour concentrer toute son énergie dans ce cri. La lumière qui l'entourait explosa en vagues, balayant tout sur son passage. Les ombres reculèrent encore, mais elles semblaient se multiplier. L'énergie qu'elle dégageait était trop puissante pour elles, mais pas assez pour les anéantir.

Un éclair de compréhension traversa son esprit. Elle n'avait pas besoin de détruire les ombres. Elle devait les réintégrer dans l'équilibre. Les ombres et la lumière n'étaient que les deux faces d'une même pièce. En acceptant cette dualité, elle pouvait rétablir l'harmonie. Mais pour cela, elle devait les comprendre, les accepter comme une partie d'elle-même. La lutte ne serait pas gagnée par la destruction, mais par l'union.

Ses bras se baissèrent lentement, et la lumière qui l'entourait s'adoucit, devenant plus douce, plus fluide. Les ombres continuèrent à se mouvoir, mais leur présence n'était plus menaçante. Elle ferma les yeux, respirant profondément, se concentrant sur la sensation de paix qui commençait à envahir son être. La tension dans l'air s'atténua peu à peu, comme si la tempête se calmait lentement.

Alors, dans la brume, une forme apparut, d'abord floue, puis de plus en plus nette. C'était une silhouette, presque humaine, mais composée entièrement de lumière et d'ombre. Elle se tenait là, devant Léa, une présence à la fois familière et mystérieuse.

— Tu as compris, Léa, dit la silhouette d'une voix calme, presque bienveillante. Tu n'es pas seule. Tu n'as jamais été seule. L'équilibre ne dépend pas seulement de la lumière. Il dépend aussi de l'ombre. Sans l'ombre, la lumière serait aveugle.

Léa se tint droite, les yeux fixés sur cette silhouette qui semblait incarner la fusion de la lumière et de l'obscurité, le mariage parfait de deux forces opposées mais complémentaires. Cette silhouette n'était ni un ennemi, ni un allié. C'était une représentation de l'équilibre lui-même, une force qu'elle ne pouvait pleinement comprendre, mais qu'elle sentait dans chaque fibre de son être.

— Que dois-je faire ? demanda Léa, sa voix chargée de détermination.

La silhouette se pencha légèrement en avant, comme si elle allait répondre à cette question, mais une vibration profonde émanant du sol les interrompit. Le bruit, faible au départ, se transforma rapidement en un grondement puissant, presque terrifiant. Les ombres se rassemblèrent autour de Léa, se repliant en une masse sombre, formant un cercle autour d'elle. La silhouette disparut alors, mais la lumière en elle devint plus forte, plus précise. Léa savait qu'une nouvelle épreuve l'attendait. Elle n'était pas encore prête. Mais elle le serait bientôt.

Chapitre 37 : L'Inévitable Confrontation

L'atmosphère autour de Léa s'épaissit d'un pressentiment lourd et suffocant. Le sol vibrait sous ses pieds, et l'air lui-même semblait plus épais, comme si la réalité se déformait à chaque seconde. Les ombres se resserraient autour d'elle, devenant plus oppressantes, plus entêtantes. Chaque mouvement qu'elle faisait semblait être une invitation pour elles à se rapprocher, une danse macabre, une chorégraphie parfaitement orchestrée entre les ténèbres et la lumière. Mais cette fois, Léa savait que la lutte qu'elle menait n'était pas une simple question de survie. Ce n'était pas seulement un combat physique ou spirituel. C'était un affrontement entre deux forces primordiales, une épreuve de volonté.

Les ombres se densifiaient, presque conscientes de l'intensité de la lumière qui émanait d'elle. Leur forme changeait, s'adaptait à chaque éclat de la lumière, comme si elles cherchaient un moyen de contourner sa puissance. Léa n'avait jamais ressenti une telle pression. Les ombres n'étaient pas là par hasard. Elles étaient là pour l'engloutir. Et elles étaient plus nombreuses, plus puissantes que tout ce qu'elle avait affronté auparavant. Elles se nourrissaient de l'ombre laissée par son doute, par ses hésitations. Mais cette fois, elle ne faiblirait pas. Elle le savait.

Il n'y avait pas de retour en arrière. Elle avait ouvert une porte qui ne pouvait être refermée. La voix mystérieuse, celle qui semblait gouverner cet endroit, avait disparu. Il n'y avait plus de guide, plus de voix pour la rassurer. Léa était seule. Et c'était une solitude glaciale, sans aucune promesse de salut. Elle se sentit vaciller, mais seulement un instant. Elle avait appris à ne plus se laisser submerger par la peur. Les ténèbres autour d'elle, si envahissantes, semblaient vouloir lui rappeler ce qu'elle avait perdu. Elles cherchaient à lui voler son équilibre. Mais Léa se redressa, se concentrant sur cette lumière intérieure qui brûlait plus intensément que jamais.

Les ombres se mirent à bouger plus vite, plus erratiques, comme si elles anticipaient chaque mouvement. Elles se formaient en des figures indistinctes qui se fondaient dans la noirceur grandissante. Mais Léa savait que dans cet environnement, où la lumière et l'ombre coexistaient en parfaite symbiose, elle n'était pas seule à posséder cette force. Non, cette lumière qu'elle portait n'était pas simplement un don, elle était une arme. Une arme qu'elle devait apprendre à manier.

Elle ferma les yeux et se concentra, sentant la chaleur croissante de la lumière qu'elle canalisa en elle. Elle pouvait sentir la résistance des ombres qui tentaient de l'engloutir, mais elles étaient plus faibles, plus fragiles qu'elles ne le paraissaient. En se concentrant sur cette énergie pure, elle sentit quelque chose de nouveau se réveiller en elle, un pouvoir qu'elle n'avait pas encore compris, une force qui n'attendait que son autorisation pour s'épanouir.

D'un geste, Léa tendit la main, libérant une décharge de lumière intense, plus vive et plus puissante que ce qu'elle avait jamais imaginé. Les ombres crièrent, une vague d'agitation parcourut leur forme, comme si la lumière laissait une empreinte indélébile sur leur essence. La chaleur de la lumière explosa en vagues d'énergie pure, frappant les ombres avec une force inexorable. Mais les ténèbres étaient tenaces. Elles se reformèrent immédiatement, rebondissant, comme si elles refusaient de disparaître.

Léa savait qu'elles ne se laisseraient pas éliminer aussi facilement. Les ombres étaient là pour tester sa force, pour la pousser à ses limites. Chaque attaque, chaque assaut de lumière qu'elle libérait semblait aussi une épreuve. Et plus elle utilisait cette lumière, plus elle sentait la fatigue envahir son corps, l'épuisement. Mais elle n'avait pas le choix. Si elle voulait sortir de cet endroit, elle devait affronter cette épreuve. Si elle voulait rétablir l'équilibre, elle devait accepter cette lutte et l'affronter de face, sans crainte.

Un cri déchirant fendit l'air, un cri de douleur et de colère. Léa sentit une douleur aiguë traverser son corps, comme si une partie d'elle-même était arrachée, perdue dans l'obscurité. Elle se laissa tomber à genoux, haletante, épuisée. C'était comme si le monde autour d'elle devenait plus lourd, plus pesant. Les ombres se rapprochaient, se tordant autour d'elle, un tourbillon noir et oppressant. La lumière qu'elle dégageait vacillait sous l'intensité de la pression, comme une flamme prête à s'éteindre.

Elle se mordit la lèvre, sentant une rage monter en elle. Elle ne pouvait pas tout abandonner maintenant. Elle savait qu'il lui restait une dernière chance. Une dernière impulsion de lumière. Mais pour cela, elle devait puiser dans la partie d'elle-même qu'elle avait toujours ignorée, dans cette zone d'ombre qui, paradoxalement, faisait aussi partie de la lumière. Elle devait accepter son propre côté obscur, comprendre que cette dualité n'était pas seulement un concept, mais une vérité qu'elle devait embrasser.

D'un geste brusque, elle ferma les yeux et laissa la lumière l'envahir totalement. Cette fois, elle ne se concentra pas uniquement sur l'énergie qui brûlait en elle, mais sur l'ombre qui résidait dans son être. Elle sentit la froideur de l'obscurité se mêler à la chaleur de la lumière, comme deux forces s'alliant pour créer quelque chose de plus grand. Elle laissa cette fusion l'envahir, acceptant les deux côtés, comprenant que l'équilibre ne résidait pas dans la pureté, mais dans l'harmonie entre les opposés.

À cet instant précis, une vague de lumière et d'ombre s'échappa d'elle, une onde de force pure qui balaya les ombres tout autour d'elle. Cette lumière n'était plus aveugle, ni agressive. Elle était complète, une essence d'équilibre qui engloba les ténèbres, les transformant, les absorbant. Les ombres se dissipèrent lentement, comme de la brume au matin, jusqu'à ce qu'il ne reste plus rien.

Léa tomba en arrière, épuisée, mais elle avait l'impression d'avoir franchi une étape décisive. Elle savait que la bataille n'était pas terminée, mais elle avait compris quelque chose d'essentiel. L'équilibre ne se trouvait pas dans la destruction. Il résidait dans la compréhension, dans l'acceptation de la lumière et de l'ombre comme deux facettes d'un même tout. Elle avait fait un pas vers ce que cela signifiait vraiment être gardienne de l'équilibre. Mais à présent, elle savait que d'autres épreuves l'attendaient. Ce qu'elle venait de vivre n'était qu'un prélude. L'ultime confrontation était encore à venir.

Chapitre 38 : Le Poids du Silence

Léa se redressa lentement, ses muscles douloureux après l'effort colossal qu'elle venait de fournir. L'air, bien qu'encore lourd de la tension qui s'était emparée de l'atmosphère, semblait maintenant un peu moins oppressant. Autour d'elle, l'obscurité s'était dissipée, mais un silence étrange persistait. Un silence qui, loin de la rassurer, éveillait en elle une inquiétude profonde. C'était comme si quelque chose, ou quelqu'un, l'observait toujours.

Elle prit une profonde inspiration, le goût amer de la peur encore dans sa bouche. Elle ne savait pas combien de temps elle était restée là, dans cet espace suspendu entre la lumière et l'ombre. Mais maintenant qu'elle avait dissipé l'ombre qui s'était levée contre elle, il n'y avait plus de voie évidente à suivre. La lumière n'était plus aussi éclatante, l'obscurité n'était plus aussi menaçante. Tout semblait figé dans un équilibre fragile, un équilibre qu'elle savait difficile à maintenir.

Elle scruta les environs, cherchant des signes, des indices, mais tout était plongé dans une immobilité inquiétante. Le sol, autrefois tremblant sous ses pieds, était devenu stable. Les murs semblaient presque irréels, comme des mirages suspendus dans le temps. L'illusion d'une réalité s'était formée autour d'elle, mais cette réalité semblait presque trop calme, trop lisse. Le silence la frappait, comme une présence invisible, insupportable.

Léa n'avait pas le temps de se laisser envahir par la peur ou la confusion. Elle savait qu'elle devait avancer, mais dans quelle direction ? C'était comme si tout avait changé, mais rien n'avait vraiment évolué. L'énigme, bien que partiellement résolue, restait entière, suspendue dans une attente silencieuse. Elle se redressa avec une détermination nouvelle, son esprit acéré comme un couteau. Si elle avait traversé cet obstacle, elle pouvait affronter les suivants.

Elle commença à avancer, ses pas résonnant dans le vide. Elle n'avait pas de destination précise, mais une seule certitude : elle ne pouvait pas rester ici. Un murmure, un faible murmure au fond de son esprit, semblait lui indiquer qu'elle devait poursuivre, qu'elle n'était pas encore à la fin de ce voyage. Un frisson parcourut son échine.

Les ombres, bien que temporairement écartées, n'étaient jamais loin. Léa savait que leur présence, leur influence, pourrait se faire sentir à tout moment. Elle avait peut-être gagné une bataille, mais la guerre était loin d'être terminée. Chaque élément de ce monde semblait être une pièce d'un puzzle infiniment complexe, et elle n'avait que des morceaux fragmentés. Chaque réponse qu'elle obtenait semblait ouvrir une porte vers de nouvelles questions.

Elle s'arrêta un instant, fermant les yeux, laissant son intuition la guider. Puis, soudainement, un bruit, faible mais distinct, attira son attention. Un son qui venait de quelque part dans l'obscurité. Léa se tourna vivement, son cœur battant plus vite, mais tout ce qu'elle aperçut fut l'immensité du vide qui s'étendait devant elle. Rien de concret, rien de tangible, mais cette sensation oppressante de présence persistait. Ce bruit, ce murmure lointain, venait de quelque part dans cette étendue.

Elle se décida à avancer dans la direction du bruit, chaque pas mesuré, chaque mouvement surveillé. L'instinct de survie qui la guidait ne lui permettait plus de douter. La voix qui résonnait dans sa tête, elle savait maintenant qu'elle ne pourrait jamais s'en débarrasser complètement. Elle était une partie intégrante de son voyage, une voix qui la poussait sans relâche, qui l'orientait.

Les ténèbres semblaient se déployer devant elle, s'étendant comme des tentacules, absorbant chaque rayon de lumière qui émanait de son être. Mais elle savait qu'elle devait aller plus loin. Là où il y avait de la lumière, il y avait aussi de l'obscurité, et cette dualité était la clé de tout. La reconnaissance de l'ombre était un pas de plus vers la vérité. La vérité qu'elle avait commencé à entrevoir, mais qui demeurait hors de portée.

Alors qu'elle avançait, les murmures dans son esprit se firent plus clairs. Ils n'étaient pas seulement un écho des ombres, mais aussi une présence familière, presque rassurante. La voix de l'entité déchue, l'écho du Nexus, lui parvenait à nouveau, mais cette fois-ci, elle ne portait pas de menace. Elle était plus douce, presque paternelle, comme si une nouvelle révélation était sur le point de surgir.

— Tu as compris, Léa. Mais la fin n'est jamais la fin. Le cycle recommence toujours. Ce que tu vois, ce que tu comprends, n'est qu'une partie de ce que tu dois accomplir. La vérité, la véritable vérité, te reste encore cachée.

Léa sentit un frisson la traverser à ces mots. Elle savait que ces paroles n'étaient pas seulement des avertissements, mais des instructions. La lumière qu'elle portait en elle, bien que puissante, n'était qu'un outil. Ce n'était pas la fin du voyage. C'était à peine le début.

Les ténèbres se resserraient autour d'elle, mais cette fois, elle les accueillait. Elle savait que, pour avancer, elle devait accepter cette obscurité. Sans elle, la lumière perdrait son sens. Les deux forces s'auto-régulent, se soutiennent et se détruisent mutuellement, et Léa se rendait compte que l'un ne pouvait exister sans l'autre. La compréhension de ce principe était essentielle.

Elle tourna la tête, prête à franchir le seuil d'un nouveau passage, celui qui la guiderait peut-être vers une nouvelle vérité. Mais un autre bruit la fit sursauter. Cette fois, c'était un son bien plus proche. Le souffle court, les yeux écarquillés, elle se retourna, sentant le poids du silence se briser à l'instant même où une silhouette apparut devant elle, aussi floue et indécise que la brume. Elle s'immobilisa. Ce n'était pas la forme des ombres qu'elle avait déjà rencontrées. Non, cette silhouette semblait... humaine. Ou du moins, elle en avait l'apparence.

Léa se figea. Qui était-ce ? Une nouvelle épreuve, ou un allié inattendu ? Avant même qu'elle puisse poser la question, la silhouette s'avança lentement, une lueur étrange dans les yeux.

Chapitre 39 : Le Visiteur Silencieux

Léa se tenait immobile, chaque muscle tendu, chaque sens en alerte
maximale. La silhouette qui se dessinait devant elle ne ressemblait en rien
à ce qu'elle avait affronté jusque-là. Pas d'ombre mouvante, pas d'entité
distordue ou informe. Non, cette fois-ci, la forme qui se détachait de
l'obscurité avait une certaine consistance. Elle était humaine, du moins en
apparence.

Les yeux de Léa scrutèrent l'individu, essayant de percer le mystère qui se
dissimulait derrière cette apparition. La silhouette était drapée dans une
longue robe sombre, presque flottante, comme si elle n'était pas vraiment
en contact avec le sol. L'obscurité qui l'entourait semblait s'accrocher à
elle, comme une extension de son être. Mais ce qui frappait le plus, ce qui
déstabilisait Léa, c'était l'étrange calme qui émanait de cette présence.
Aucune agressivité. Aucun mouvement précipité. Rien qui ressemble à la
hâte ou à la menace.

Au contraire, il y avait une tranquillité presque surnaturelle, comme si le
temps lui-même ralentissait autour de cette figure. La voix qui résonnait
dans l'esprit de Léa se calma, mais elle savait que ce silence n'était pas
simplement le vide. Non, il y avait quelque chose de plus profond derrière
ce calme.

La silhouette s'avança d'un pas, lentement, avec une grâce presque irréelle.
Léa se força à ne pas reculer. Elle ne pouvait pas. Si elle reculait, si elle se
laissait submerger par la peur, elle risquait de tout perdre. Elle n'était pas
venue jusque-là pour fuir à ce moment précis. Elle devait faire face.

« Qui êtes-vous ? » demanda Léa, sa voix se frayant difficilement un
chemin à travers le silence, mais fermement, malgré l'incertitude qui la
saisissait.

La silhouette s'arrêta juste en face d'elle, à quelques mètres à peine. Le
visage était masqué, plongé dans l'ombre, ce qui empêchait Léa d'en saisir
les traits. Cependant, il y avait quelque chose de familier dans l'aura qui
émanait de cet être. Quelque chose d'étrangement réconfortant, malgré
l'incertitude et la peur qui se mêlaient dans son esprit.

Un frisson parcourut l'échine de Léa, mais elle tint bon. Le silence se fit
plus profond. La silhouette semblait l'observer, comme si elle attendait
quelque chose. Léa se sentit vulnérable sous ce regard invisible. Elle eut

l'impression qu'une pression invisible se resserrait autour de son cœur, mais elle ne détourna pas le regard. Elle ne pouvait pas.

Puis, la silhouette fit un léger mouvement. Ses bras se levèrent lentement, dans un geste qui n'était ni menaçant ni apaisant, mais un simple mouvement, naturel. De l'une de ses mains, elle tendit un petit objet vers Léa, un objet recouvert d'un tissu sombre. Un objet qui, à première vue, semblait insignifiant.

Léa hésita. Elle savait que tout dans cet endroit était porteur de sens. Chaque geste, chaque objet, chaque mouvement. Elle ne pouvait pas se permettre de prendre à la légère ce que cette apparition lui tendait. Elle observa l'objet, mais ne fit pas de mouvement pour le prendre immédiatement. Le silence qui les entourait devenait lourd, chaque seconde qui passait semblait intensifier le mystère de cet instant. Léa se concentra sur son intuition, cherchant à comprendre le message de cet être silencieux.

Finalement, la silhouette parla d'une voix calme, mais profonde, presque comme un murmure dans la brume.

« Ce que tu cherches, tu ne le trouveras pas en fuyant. »

La voix résonna dans l'esprit de Léa, réverbérant à travers ses pensées comme une écho lointain, mais clair. Il y avait dans ces mots une sagesse ancienne, presque intemporelle. Un avertissement, mais aussi un conseil. Léa sentit un étrange poids se déposer sur ses épaules. Ce qu'elle cherchait... ce qu'elle poursuivait depuis le début de ce voyage, depuis le moment où elle avait franchi le seuil de l'obscurité, allait au-delà de tout ce qu'elle avait imaginé.

Elle se tourna légèrement vers l'objet que la silhouette lui tendait. C'était un petit coffret, tout en bois sombre, décoré de symboles anciens et presque effacés. Le bois semblait d'un autre temps, d'un autre monde. Une sensation étrange de déjà-vu la traversa. Elle avait déjà vu cet objet. Où ? Quand ? Elle n'arrivait pas à se rappeler, mais il y avait quelque chose d'indiscutablement familier dans sa forme.

Le regard de la silhouette, toujours invisible mais omniprésent, semblait scruter Léa, l'invitant à comprendre, à accepter ce qui était offert. Léa leva la main, ses doigts effleurant doucement le coffret. A l'instant où elle toucha le bois, une onde d'énergie traversa son corps, une énergie chaude, douce, mais aussi terriblement intense. L'objet semblait vibrer sous ses doigts, réagissant à sa propre énergie.

Le murmure dans son esprit se fit plus insistant.

« La clé du passage. »

Léa sentit un frisson glacé se propager en elle. La clé du passage ? Vers quoi ? Vers qui ? Les questions affluaient dans son esprit, mais l'objet dans sa main semblait se dérober à toute logique. Ce n'était pas un simple artefact. Ce n'était pas une simple clé. C'était bien plus que cela. Elle devait le savoir. Elle devait comprendre.

La silhouette fit un dernier geste, et d'une manière imperceptible, elle se dissipa dans l'air, disparaissant comme une brume dans la lumière du matin. Léa se retrouva seule à tenir le coffret entre ses mains. Le silence se faisait toujours plus oppressant. Les ténèbres qui l'entouraient semblaient se rapprocher, plus lourdes, plus palpables, mais à cet instant précis, Léa savait que quelque chose venait de changer en elle.

Elle serra le coffret contre son cœur. Ce geste, presque instinctif, lui apporta un étrange réconfort. Quel que soit le chemin qu'elle devait emprunter, elle n'était plus seule. Elle possédait maintenant la clé. Mais la question qui se posait était : où cette clé allait-elle la mener ?

Elle ferma les yeux un instant, tentant de rassembler ses pensées. Chaque réponse qu'elle obtenait semblait n'être qu'une nouvelle porte ouverte sur un abîme de mystère. Mais elle savait que ce qu'elle portait maintenant en elle, ce coffret, était la clef de tout. Elle devait avancer. Tout cela n'était pas un hasard. Rien n'était laissé au hasard. Elle devait déchiffrer le dernier secret.

Chapitre 40 : L'Énigme du Coffret

Léa n'avait pas bougé. Elle tenait toujours le coffret contre elle, fermement, comme si ce simple objet pouvait lui donner des réponses aux questions qui tourmentaient son esprit. Le silence était lourd autour d'elle, presque suffocant, comme si l'univers entier retenait son souffle. Chaque pensée, chaque sensation, semblait plus nette, plus pressante. Le coffret, désormais dans ses mains, était plus qu'un simple artefact. C'était la clé d'une énigme dont elle ignorait encore l'ampleur.

Elle avait toujours cru que la vérité se trouvait dans la confrontation, dans la lumière qui dissipait l'ombre. Mais au fil de son parcours, elle avait découvert que la vérité n'était pas toujours une évidence. Parfois, la vérité se cachait dans l'obscurité, dans les zones floues, là où la logique semblait s'effacer pour laisser place à une intuition plus profonde. Et maintenant, cette intuition lui disait que le coffret n'était pas juste une clé, mais une porte, une porte vers quelque chose de bien plus grand et complexe.

Elle leva doucement le coffret à hauteur de ses yeux, l'observant sous toutes ses coutures. Les symboles, bien qu'à peine visibles, semblaient changer sous la lumière de la torche qu'elle tenait. Comme si les gravures sur le bois prenaient vie, se modifiaient, se redéfinissaient sous son regard. L'objet semblait réagir à sa présence, à son énergie. Un frisson parcourut son échine, comme si elle avait franchi un seuil invisible. Chaque ligne, chaque motif gravé semblait porteur d'une signification cachée, un message crypté que seul l'œil averti pouvait comprendre.

Léa se rendit compte qu'elle ne savait même pas comment ouvrir ce coffret. Il n'y avait pas de serrure apparente, ni de mécanisme visible. La seule chose qui semblait répondre à son toucher était la sensation de chaleur qui émanait de l'objet, comme si une force intérieure pulsait dans ses veines. Elle avait déjà vu des artefacts de ce genre, dans les récits anciens, dans les légendes. Des objets qui se dérobaient à la logique, qui n'obéissaient pas aux lois physiques telles qu'on les connaissait.

Elle décida de tenter quelque chose. Doucement, elle posa son pouce sur l'un des symboles gravés sur le coffret, celui qui semblait le plus lumineux, le plus ancien. Un frisson parcourut ses doigts. Le bois sous ses mains se réchauffa, et, dans un souffle, un léger bruit se fit entendre, comme une pression qui se relâchait. Un secret caché. Léa attendit un instant, son souffle suspendu, puis, avec une tension palpable, elle tourna le coffret, cherchant d'autres signes, d'autres détails qui pourraient indiquer la manière de l'ouvrir.

Après plusieurs minutes d'exploration minutieuse, elle sentit une légère rotation sous ses doigts, comme si une partie du coffret se déplaçait légèrement. Ses mains tremblaient, mais elle savait que chaque geste était crucial. C'était une question de timing, de patience. Enfin, après un dernier mouvement délicat, elle entendit un déclic.

Le coffret s'ouvrit lentement, comme s'il résistait encore à être découvert. Léa ne bougea pas, ses yeux fixés sur le contenu qui se dévoilait devant elle. À l'intérieur, il y avait un autre objet, petit et rond, posé dans un lit de velours noir. C'était un médaillon, fait d'un métal étrange, luisant d'une lumière douce, presque surnaturelle. Léa en perdit le souffle.

Ce médaillon… c'était comme s'il portait en lui une part de la même énergie que l'objet qu'elle avait pris dans ses mains. Il était gravé de symboles similaires à ceux du coffret, mais en plus détaillés, plus précis. Une forme d'artefact ancien, à la fois étrange et familier, comme une mémoire enfouie dans un passé lointain.

Léa savait que ce médaillon n'était pas simplement un bijou. C'était la pièce manquante. Elle en était certaine. Le coffret n'était que le début d'un puzzle plus vaste, d'un jeu de miroirs qui la menait vers une vérité incommensurable. Elle ne savait pas encore ce que cette vérité signifiait, ni ce qu'elle allait devoir sacrifier pour la découvrir, mais elle savait qu'elle ne pouvait pas revenir en arrière. Le passé, ses doutes et ses peurs, tout cela se fondait dans cet instant présent. Tout était en jeu.

Elle souleva le médaillon avec précaution, l'admirant sous la lueur de la torche. Il semblait presque vivant, réagissant à la chaleur de sa peau. Elle ne pouvait s'empêcher de se demander ce que cet objet représentait. Était-ce une clé pour un autre portail, un autre monde, ou était-ce un artefact renfermant une connaissance cachée ? Elle savait que chaque symbole gravé sur le médaillon était un code, une langue perdue qu'elle allait devoir déchiffrer.

Sans se l'expliquer, elle ressentait une connexion profonde avec cet objet. Ce n'était pas juste un artefact ancien. C'était un message, une invitation, ou peut-être même une épreuve. Tout, dans cet instant, lui indiquait que la quête qu'elle avait entamée n'était pas simplement une aventure personnelle, mais un voyage dans le temps et l'espace, une exploration des vérités profondes et cachées de l'univers.

Elle ferma le coffret, gardant le médaillon dans sa paume, et prit une profonde inspiration. La route était encore longue, mais maintenant, elle savait que les pièces du puzzle étaient en train de s'assembler, lentement, mais sûrement. Le voyage allait la conduire encore plus loin, dans des endroits qu'elle n'aurait jamais imaginés, au cœur de mystères qu'elle n'avait pas encore envisagés.

Mais une chose était claire : elle n'était pas seule dans cette quête. Quelque chose, ou quelqu'un, l'accompagnait. Que ce soit une force mystique, une entité inconnue, ou simplement son propre instinct, Léa savait qu'elle était sur le bon chemin. Elle devait continuer, coûte que coûte.

Elle tourna son regard vers l'obscurité qui s'étendait devant elle, prête à avancer. L'énigme du coffret n'était plus qu'un souvenir. Maintenant, c'était le médaillon, ce petit objet empli de mystère, qui détenait la clé de la suite.

Chapitre 41 : Les Secrets Révélés

Léa n'avait pas fermé l'œil de la nuit. La découverte du médaillon avait provoqué en elle une agitation intérieure telle qu'il lui était impossible de trouver le sommeil. Le silence de la chambre, bien que complet, ne l'apaisait pas. Elle tenait toujours le précieux objet dans ses mains, comme si elle redoutait qu'il disparaisse ou qu'il lui échappe. Il ne s'agissait pas simplement d'un bijou, d'un artefact ancien ou d'une clé. Ce médaillon était devenu une partie d'elle-même, comme un signal, un appel irrésistible vers quelque chose qu'elle n'était pas encore prête à comprendre.

Dans l'aube pâle qui se levait à l'horizon, Léa sentit une pression intense. Le médaillon, posé sur la table devant elle, semblait émettre une lumière faible mais persistante, une lueur presque surnaturelle qui dansait dans la pénombre de la pièce. Les symboles qui ornaient sa surface brillaient d'une lumière douce, mais aussi énigmatique. Elle ne pouvait plus ignorer que cet objet était une clé, et que son propre destin était lié à ce qu'il renfermait.

Son esprit était en tourmente, mais il y avait aussi une forme de clarté qui émergeait peu à peu. Elle savait maintenant que son enquête, loin d'être simplement un jeu de pistes, était un voyage initiatique, une quête dont elle ignorait encore l'issue. Ce qu'elle avait découvert, ce qu'elle allait découvrir, pourrait bouleverser la compréhension même de la réalité. Il y avait un lien entre ce médaillon, les symboles qu'il portait, et l'énigme plus vaste qui se déployait devant elle. Mais comment déchiffrer ce lien ?

Elle se leva brusquement, une idée fulgurante traversant son esprit. Elle n'était pas seule dans cette aventure. Si cet artefact avait un but, un rôle à jouer dans le monde, alors il fallait qu'elle trouve quelqu'un qui pourrait l'aider à en comprendre le sens. Léa ne pouvait pas, ne devait pas, porter ce fardeau seule. Elle savait que des forces mystérieuses étaient à l'œuvre, mais elle ne savait pas encore dans quel but.

Elle prit une décision. Le moment était venu d'aller voir André. Il n'était peut-être pas l'allié idéal, mais il avait des connaissances anciennes et une ouverture d'esprit qui, elle en était certaine, pourrait l'aider à décrypter ce mystère.

André était un spécialiste de l'histoire ancienne, un érudit dont la réputation n'était plus à faire. Son expertise en symboles et en artefacts antiques avait toujours suscité l'admiration de Léa, même si elle avait, par le passé, souvent ignoré ses conseils. Mais aujourd'hui, il était l'unique personne qu'elle pouvait consulter. Il devait être celui qui, peut-être, aurait les réponses qu'elle cherchait.

Le médaillon en main, elle quitta l'appartement dans une hâte nouvelle, les pensées agitées, l'esprit en quête de réponses. L'air frais de la matinée effleurait son visage, mais elle ne le remarquait même pas. L'adrénaline qui circulait dans ses veines masquait tout autre sensation. Ses pas la menaient vers le centre-ville, vers l'ancienne bibliothèque où André passait la plupart de son temps.

À son arrivée, elle s'empressa de traverser les couloirs sombres et silencieux de l'établissement, presque vide en ce matin encore tôt. André n'était pas difficile à localiser. Il était toujours dans les mêmes endroits : dans l'une des salles de lecture, plongé dans des livres poussiéreux, entouré de documents anciens. C'était une scène qu'elle connaissait bien, ayant souvent partagé ces moments d'étude à ses côtés dans le passé. Mais aujourd'hui, il y avait une urgence qu'elle n'avait jamais ressentie auparavant.

Léa frappa à la porte de la salle. La voix d'André résonna à l'intérieur, l'invitant à entrer. Lorsqu'il la vit, un léger sourire effleura ses lèvres, comme s'il était heureux de la revoir. Mais il s'arrêta bien vite quand il aperçut le médaillon qu'elle tenait fermement dans ses mains.

— "Léa ? Qu'est-ce que c'est ?" demanda-t-il, l'ombre d'une inquiétude traversant ses traits.

Elle s'assit lentement en face de lui, déposant le médaillon sur la table. Les yeux d'André se fixèrent immédiatement sur l'objet, et il se pencha légèrement en avant, observant les symboles avec une attention qu'il ne lui accordait généralement qu'aux pièces les plus rares de sa collection.

— "C'est un artefact ancien. Peut-être plus ancien que ce que nous pouvons imaginer", répondit Léa. "Je n'arrive pas à comprendre ce qu'il représente, mais il semble... réagir à ma présence."

André prit le médaillon avec une grande précaution, comme s'il tenait entre ses mains un trésor inestimable. Il le retourna lentement, observant les gravures sous un angle plus précis. Léa, elle, attendait en silence, toute son attention braquée sur lui. Elle espérait qu'il allait pouvoir comprendre ce que cet objet signifiait, pourquoi il semblait l'avoir choisie.

— "Ce que tu tiens là", commença André, la voix plus grave, "c'est une pièce extrêmement rare. Ce genre de symboles… je les ai déjà vus, mais dans des contextes très spécifiques. Il s'agit de la langue des Anciens, une écriture perdue depuis des siècles."

Léa leva les yeux, surprise. Les Anciens ? Elle n'avait jamais entendu parler de ce terme dans ses recherches. André, voyant son expression, continua.

— "Les Anciens étaient une civilisation disparue, bien avant celle que nous connaissons. Ils avaient une connaissance des forces surnaturelles et de l'univers qui dépassait de loin ce que nous pouvons imaginer. Cette écriture, ces symboles, étaient utilisés pour marquer des artefacts d'une grande puissance, des objets capables de manipuler la réalité elle-même."

Les mots d'André frappèrent Léa comme un éclair. Il y avait quelque chose de plus grand en jeu ici, bien plus grand qu'elle ne l'avait imaginé. Elle ressentait une profonde connexion avec cet objet, comme si le destin l'avait conduite vers ce moment précis, vers cette rencontre. Mais pourquoi ?

André poursuivit, plus grave que jamais.

— "Ce médaillon est bien plus qu'un simple artefact. Il est la clé d'un savoir oublié, un savoir capable de changer la perception du monde entier. Si tu veux comprendre sa véritable signification, tu devras suivre les indices qu'il te donne. Mais sois prudente. Ce savoir est dangereux, et ceux qui l'ont recherché avant toi n'ont pas toujours survécu pour raconter leur histoire."

Léa sentit son cœur s'emballer. Cette simple phrase résonnait dans son esprit comme une mise en garde, mais elle savait, au fond d'elle-même, qu'il n'y avait plus de retour en arrière possible. La quête avait commencé, et maintenant, elle n'avait plus d'autre choix que de poursuivre, quelles que soient les conséquences.

André posa le médaillon sur la table avec une lenteur significative. Ses yeux rencontrèrent ceux de Léa.

— "Tu es prête à prendre ce risque ?"

Léa hocha lentement la tête. Elle n'était pas certaine de ce qui allait suivre, mais une chose était sûre : elle ne pouvait plus ignorer ce qui était à sa portée. Les secrets du médaillon l'appelaient. Et elle allait y répondre, peu importe où cela la mènerait.

Chapitre 42 : La Quête des Égarés

Les jours suivants furent un tourbillon de préparation, de recherches, et de découvertes. Léa n'avait plus qu'une idée en tête : comprendre le véritable pouvoir du médaillon, percer les mystères des Anciens, et plonger dans l'inconnu pour découvrir ce que cet artefact cachait. Après la rencontre avec André, elle avait quitté la bibliothèque avec une sensation étrange, à la fois excitante et inquiétante. Il y avait des forces en mouvement, des révélations à venir. Et chaque instant passé à se préparer la rapprochait un peu plus de ce qui semblait être une vérité immense, mais aussi terrifiante.

André, avec son expertise, lui avait donné un premier indice : le médaillon n'était pas seulement une clé pour déchiffrer le savoir des Anciens, mais aussi un moyen d'accéder à un lieu qu'elle n'aurait jamais imaginé. Les symboles gravés sur l'objet formaient un motif précis, une carte en quelque sorte, une direction à suivre. Mais où cette direction la mènerait-elle ?

Léa avait passé plusieurs nuits à étudier les documents anciens, les manuscrits poussiéreux que lui avait prêtés André. Ces textes faisaient référence à des rituels oubliés, à des lieux cachés, à des civilisations disparues dont les connaissances avaient été ensevelies sous des couches de mystère. Dans tout cela, une chose devenait de plus en plus évidente : il y avait un lien direct entre les Anciens et des événements qui se produisaient encore aujourd'hui, des forces qui semblaient s'être réveillées, prêtes à reprendre le contrôle.

Une carte, un lieu, un secret à découvrir : c'était tout ce qu'elle savait pour l'instant. Et pourtant, quelque chose dans son cœur lui disait que l'essentiel ne se trouvait pas sur la carte. Elle devait comprendre les symboles du médaillon pour comprendre ce qu'elle devait faire ensuite.

Il y avait une étrange sensation de pression dans l'air, comme si chaque minute qui passait la rapprochait de quelque chose d'inéluctable. Léa se leva tôt ce matin-là, après une nuit de lecture et de méditation sur les symboles du médaillon. Elle s'était décidée à se rendre à l'endroit que les écrits d'André avaient mentionné, un lieu qu'il avait appelé "le sanctuaire des égarés". Ce n'était pas un lieu connu, en tout cas pas sur les cartes modernes, et la description qui en était faite laissait entrevoir un endroit abandonné, isolé, presque mythologique. C'était là qu'elle devait aller, là où tout pourrait enfin trouver sens.

Elle prit le médaillon, l'enroula dans un tissu et le glissa dans son sac. Chaque geste était empreint de précaution. Mais cette fois-ci, elle savait que ce n'était pas simplement un objet précieux qu'elle emportait. C'était une arme potentielle, une arme capable de lui révéler les vérités les plus profondes, mais aussi de la mettre en danger.

Le sanctuaire des égarés. Ce nom sonnait comme une promesse de découvertes effrayantes. Mais Léa n'avait pas le choix. Il lui fallait avancer, et c'était là que tout commencerait.

Elle prit un bus qui la conduisit hors de la ville, vers une région moins fréquentée. Les paysages changèrent lentement, passant de la ville moderne à des zones plus rurales et sauvages. La route devenait de plus en plus étroite, serpentant entre les collines et les forêts, jusqu'à ce qu'elle arrive enfin dans un petit village oublié. Ce village, selon les écrits, se trouvait au bord d'une ancienne forêt, et c'était là, quelque part dans cette étendue sauvage, que se cachait le sanctuaire.

Léa se dirigea vers une petite auberge du village pour s'informer davantage. L'aubergiste, un homme âgé au visage ridé, la regarda avec méfiance lorsqu'elle lui parla du sanctuaire. Il semblait hésiter, pesant ses mots avec prudence. Après un moment, il murmura :

— "Le sanctuaire des égarés… ce nom… cela fait bien longtemps que je n'ai pas entendu quelqu'un en parler. Il y a des rumeurs, des histoires sur ce lieu, mais elles sont... dangereuses. Vous ne devriez pas vous y rendre, jeune fille."

Léa sentit une inquiétude grandir en elle, mais elle ne fléchit pas. Elle ne pouvait pas se permettre de reculer maintenant.

— "Je dois y aller", répondit-elle d'une voix ferme. "J'ai besoin de comprendre."

L'aubergiste la fixa un moment, puis, après un soupir résigné, il se leva et se dirigea vers un petit tiroir sous le comptoir. Il en sortit une vieille carte, usée par le temps.

— "Prenez cette carte", dit-il. "Elle vous montrera le chemin. Mais soyez prudente. Les gens qui cherchent à découvrir ce que vous cherchez ne reviennent jamais indemnes."

Léa prit la carte, la remerciant d'un hochement de tête. Elle savait qu'il avait raison. Rien dans cette quête ne serait facile. Mais c'était un risque qu'elle devait prendre. Elle n'avait plus le choix.

Le village était désert, comme figé dans le temps. Léa marcha à travers les rues silencieuses, sa destination toujours en tête. La forêt était au bout du village, une masse dense de feuillage et d'arbres vieux de plusieurs siècles. À mesure qu'elle s'en approchait, une sensation étrange la saisissait. C'était comme si la forêt elle-même l'observait, prête à l'engloutir. Il y avait une magie palpable dans l'air, une énergie invisible qui flottait autour d'elle, l'attirant et la repoussant à la fois.

Elle pénétra dans la forêt, suivant les indications de la carte. Les arbres étaient si serrés qu'il était difficile de voir plus loin que quelques mètres devant elle. L'atmosphère était lourde, presque étouffante. Les seuls bruits étaient ceux de ses pas écrasant les feuilles sous ses pieds et du vent sifflant à travers les branches.

Elle marcha pendant des heures, s'enfonçant toujours plus profondément dans la forêt. Les signes de civilisation disparaissaient peu à peu. Léa ne savait pas exactement où elle allait, mais la carte, bien qu'imparfaite, lui indiquait le chemin à suivre. Parfois, elle levait les yeux pour chercher un repère, mais la forêt semblait sans fin, chaque arbre ressemblant au précédent. Pourtant, un sentiment de direction persistait dans son esprit, comme une intuition qu'elle ne pouvait expliquer.

Finalement, après ce qui lui sembla une éternité, elle arriva à une clairière. Un silence lourd régnait ici, plus oppressant encore que celui de la forêt. Au centre de la clairière se trouvait une structure étrange, à moitié recouverte de mousse et de lierre, mais encore suffisamment dégagée pour révéler une ancienne bâtisse en pierres. C'était une sorte de temple en ruine, un sanctuaire que le temps semblait avoir oublié.

Léa s'approcha lentement, le cœur battant. Elle savait que c'était ici que tout allait se jouer. Tout ce qu'elle avait cherché, tout ce qu'elle avait appris, l'avait menée à ce lieu. Elle n'était pas sûre de ce qu'elle allait trouver à l'intérieur, mais une chose était claire : le sanctuaire des égarés était bien plus qu'un simple vestige du passé. C'était l'épicentre d'une vérité enfouie, une vérité qu'elle allait enfin découvrir.

Chapitre 43 : La Porte Sombre

L'air devenait plus lourd à chaque pas que Léa faisait vers l'entrée du sanctuaire. Une brume fine et presque imperceptible flottait autour de la vieille bâtisse, créant une atmosphère surnaturelle qui donnait l'impression que le temps lui-même avait suspendu son vol ici. La structure en pierres, bien que fragilisée par des siècles d'abandon, semblait toujours majestueuse dans sa décrépitude. Le lierre qui la recouvrait n'était pas seulement une couverture végétale ; il avait l'air de protéger un secret, d'étreindre la vérité qui se cachait derrière les pierres usées.

Léa s'approcha de la porte principale du sanctuaire, un portail de bois massif et sculpté, à moitié recouvert de mousse et de racines. La porte semblait vieille, comme si elle n'avait pas été ouverte depuis des siècles, mais elle émettait une étrange vibration, un frémissement subtil, comme si le lieu attendait quelque chose… ou quelqu'un.

Elle posa la main sur la porte. La surface rugueuse du bois froid fit courir un frisson le long de son échine. Puis, sans savoir pourquoi, elle repoussa la porte. À sa grande surprise, elle s'ouvrit sans résistance, dans un bruit sourd, comme si elle avait été déverrouillée depuis des millénaires, prête à révéler son contenu.

Derrière la porte, l'obscurité régnait. Léa n'hésita pas. Elle entra, et une fois à l'intérieur, un silence étrange l'envahit. Aucun écho ne résonnait dans les murs de pierre, aucun bruit n'accompagnait ses pas. C'était comme si la lumière elle-même était retenue, comprimée par une force invisible.

L'intérieur du sanctuaire était vaste, plus grand qu'elle ne l'avait imaginé de l'extérieur. Les murs étaient couverts de fresques antiques, d'un style qu'elle n'avait jamais vu ailleurs, des représentations d'événements mythologiques et d'étoiles lointaines, des figures humaines et animales mêlées dans une danse étrange et mystique. Le sol était pavé de pierres anciennes, parfois disjointes, parfois usées, mais elles portaient toutes les marques du temps et des générations de ceux qui étaient venus avant.

Au centre de la pièce principale se trouvait un autel de pierre. Il semblait avoir été conçu pour un rituel, un sacrifice peut-être, ou une invocation ancienne. Autour de l'autel, des cercles de lumière faiblement visibles dessinaient des motifs complexes, semblables à ceux du médaillon que Léa tenait toujours serré dans sa main. Chaque cercle semblait réagir à la lumière, à l'énergie qu'elle dégageait, comme s'il attendait quelque chose.

Elle s'approcha de l'autel, fascinée. À mesure qu'elle s'approchait, elle ressentait une pression croissante, une énergie qui la happait, l'attirait, mais aussi la mettait en alerte. C'était un lieu de pouvoir, un lieu où les frontières entre le monde des vivants et celui des esprits s'effaçaient. Il y avait quelque chose de profondément ancien dans cet endroit, quelque chose qui semblait lui parler directement, quelque chose qu'elle ne pouvait pas encore comprendre.

En s'approchant de l'autel, Léa remarqua une série de symboles gravés dans la pierre, semblables à ceux du médaillon, mais plus profonds, plus anciens. Les symboles étaient disposés en forme de spirale, se croisant et se recroisant, comme un mouvement sans fin. Elle posa délicatement le médaillon sur l'autel. Dès qu'il entra en contact avec la pierre, un frémissement parcourut l'air, et les cercles de lumière autour de l'autel s'illuminèrent soudainement, projetant des ombres mouvantes sur les murs.

Le silence était devenu oppressant. Léa n'osait bouger, mais une force invisible semblait la maintenir en place. Puis, tout à coup, une voix résonna, un murmure presque imperceptible, mais qui vibrait dans les airs, venant de nulle part et de partout à la fois. La voix n'était pas humaine. Elle portait en elle des siècles de savoir, des voix d'êtres d'un autre âge, des échos des Anciens.

"Tu es arrivée, Léa. Tu as ouvert la porte, et maintenant, tu dois faire un choix."

La voix se perdit dans un souffle, mais Léa n'eut pas le temps de réagir. Les symboles sur l'autel se mirent à briller d'une lumière aveuglante, et l'air autour d'elle se déforma, comme si la réalité elle-même se pliait sous l'effet de cette énergie. Léa recula instinctivement, mais ses pieds ne touchaient plus le sol. Elle était suspendue dans un espace qui n'était ni tout à fait tangible, ni complètement irréel.

Les symboles sur l'autel se mirent à tourner autour d'elle, plus rapides à chaque seconde, créant un vortex de lumière et de couleur. Les murs se fondaient, disparaissant dans l'ombre, et Léa se sentit emportée par ce tourbillon. Mais au centre de ce chaos, une image émergea, une vision. Elle vit un homme, un visage familier mais lointain. Il avait des yeux sombres, une expression grave. C'était comme un souvenir qui remontait de ses profondeurs. C'était l'homme qu'elle avait vu dans ses rêves, celui qui la guidait depuis le début de son aventure.

Léa tenta de crier, mais aucun son ne sortit de sa bouche. Elle tenta de se concentrer sur l'image, sur cet homme, mais alors une nouvelle voix se fit entendre, plus forte et plus claire.

"Il n'est pas celui que tu crois. Il n'est pas celui que tu cherches."

Les mots résonnèrent dans son esprit comme une cloche, vibrants, clairs, nets. Elle comprit, à ce moment précis, que tout ce qu'elle avait cru savoir jusqu'alors n'était qu'une illusion. La quête, les indices, le médaillon, tout cela la menait vers une vérité qu'elle n'était pas prête à accepter. Elle avait ouvert la porte, mais cette porte menait à des réalités bien plus complexes et dangereuses que tout ce qu'elle avait imaginé.

Le vortex de lumière continua à tourner, de plus en plus vite. Léa sentit son corps être englouti par une sensation d'évanescence, comme si elle s'éloignait de la réalité à une vitesse folle. Et, alors qu'elle perdait pied, une dernière pensée traversa son esprit, une pensée qui se fit claire et nette comme jamais auparavant : la quête des Anciens n'était pas simplement une recherche de vérité. C'était une épreuve, une épreuve qui exigeait un prix. Un prix qu'elle n'était pas encore prête à payer.

Et pourtant, elle n'avait plus le choix.

Chapitre 44 : La Vérité Cachée

Léa se réveilla en sursaut, haletante, les yeux grands ouverts dans l'obscurité. Elle était allongée sur le sol froid, mais l'endroit lui semblait différent. Il n'y avait plus de vortex lumineux, plus de spirales éblouissantes. La forêt autour du sanctuaire semblait avoir disparu, et pourtant, elle n'était pas dans un endroit étranger. C'était comme si le temps s'était figé, comme si elle s'était retrouvée ailleurs, dans un espace suspendu, un entre-deux.

Elle se redressa difficilement, secouée par la violence de la vision qu'elle venait de vivre. Une vision, ou un rêve ? Les deux à la fois, peut-être. Tout était devenu flou, confus, et les images des visages et des voix se mêlaient dans son esprit, ne lui laissant aucune réponse claire. Le visage de l'homme qu'elle avait vu, celui qu'elle avait cru reconnaître dans ses rêves, se superposait maintenant à celui qu'elle avait vu à l'intérieur du sanctuaire. Ils étaient les mêmes, mais différents. La confusion s'empara d'elle, comme une toile d'araignée qui se tissait autour de son esprit.

Elle était de nouveau dans le sanctuaire, mais cette fois, il ne semblait plus aussi imposant. Les murs étaient nus, les fresques s'étaient effacées, et l'autel avait disparu. La pierre avait été remplacée par une terre battue, froide et humide. Un éclair de lumière frappa sa rétine. Il venait d'une ouverture située à l'autre bout de la pièce. Un faible rayon de soleil filtrait par un trou dans le toit effondré. Léa se leva, se sentant prise dans une sorte de rêve éveillé. Elle s'approcha de l'ouverture, s'étonnant de son propre mouvement, comme si une force extérieure la guidait, la poussait à avancer.

Elle s'éteignit dans un éclair de lumière alors que la porte du sanctuaire s'ouvrait devant elle, une porte qu'elle n'avait pas vue auparavant. Le vent soufflait fort, et un souffle de fraîcheur s'engouffra dans l'espace clos. Léa n'eut pas le temps de comprendre ce qui se passait. Le monde autour d'elle changea une nouvelle fois, la basculant dans une réalité qui n'était pas la sienne.

Elle se retrouva dans une grande salle en pierre, semblable à un temple antique, mais plus intime, plus personnelle. Les murs étaient décorés de motifs élaborés, gravés dans la pierre, des symboles semblables à ceux qui étaient présents sur le médaillon. Au centre, un cercle de lumière se formait lentement, mais cette fois-ci, la lumière n'était pas éblouissante. Elle était douce, presque chaleureuse, et elle semblait émettre une énergie apaisante. Léa, déstabilisée, s'avança prudemment, comme attirée par cette lumière.

Au centre du cercle, une forme humaine se matérialisa. Un homme. Son visage lui était vaguement familier, mais ce n'était pas l'homme qu'elle avait vu dans ses rêves. C'était un autre visage, une silhouette qui dégageait une présence presque palpable. L'homme se tourna lentement vers elle, et d'un geste calme, il lui fit signe d'approcher.

Léa, bien que terrifiée, obéit, comme si une force irrésistible l'y contraignait. Lorsqu'elle se retrouva à quelques pas de lui, l'homme parla. Sa voix était profonde et résonnait dans toute la salle.

— "Tu cherches la vérité, Léa. Mais la vérité n'est jamais simple. Tu as ouvert la porte, mais tu dois maintenant décider si tu es prête à l'accepter."

Léa sentit son cœur s'alourdir sous le poids de ces mots. Elle avait ouvert la porte, c'était vrai. Mais à chaque étape, la réalité semblait s'effondrer autour d'elle, et elle peinait à suivre le chemin qui s'offrait à elle. Elle avait cru que la vérité qu'elle cherchait serait linéaire, claire, facile à saisir. Mais ici, tout semblait plus compliqué, plus insidieux.

— "Qui êtes-vous ?" demanda-t-elle, d'une voix brisée.

L'homme sourit légèrement, une expression triste mais sereine sur le visage.

— "Je suis un ancien gardien du savoir, un des derniers à avoir été choisi pour protéger l'équilibre. Et toi, Léa, tu as été choisie pour une raison bien particulière."

Léa frissonna. Ses questions se bousculaient dans son esprit, mais avant qu'elle ne puisse en poser d'autres, l'homme reprit :

— "Tu as trouvé le médaillon. Et tu as pénétré dans ce sanctuaire. Tu as découvert la porte. Mais maintenant, tu dois comprendre que ce que tu cherches n'est pas uniquement un savoir caché. Ce savoir a un prix. Et ce prix, c'est une décision."

Il marqua une pause, les yeux perçant profondément ceux de Léa, comme s'il cherchait à sonder son âme.

— "Les Anciens ont caché leurs savoirs pour une raison. Ils ont vu l'avenir, et ils ont compris que certaines vérités étaient trop puissantes pour être simplement révélées. Si tu choisis de connaître tout ce que nous savons, tu seras changée à jamais. Mais si tu choisis de partir, de fuir, tu vivras toujours dans l'ignorance, mais tu pourras préserver ce que tu es. La question n'est pas ce que tu veux apprendre, Léa. La question est ce que tu es prête à devenir."

Léa recula d'un pas, prise de vertige. Comment pouvait-elle prendre une décision aussi énorme, aussi définitive ? Tout ce qu'elle avait traversé l'avait conduite ici, à cet instant précis. Mais pouvait-elle vraiment accepter ce qu'il lui offrait ? Devait-elle sacrifier son humanité pour une connaissance incommensurable ?

L'homme, voyant son hésitation, sourit à nouveau, cette fois plus chaleureusement.

— "Tu sais, il n'y a pas de bonne ou de mauvaise réponse. Le choix t'appartient. Mais il est important que tu comprennes : en choisissant, tu choisis non seulement pour toi, mais pour l'équilibre du monde. Ce savoir a été dissimulé pendant des siècles pour une raison. À toi de décider si ce secret mérite d'être révélé."

Léa sentit le poids des mots résonner dans son esprit. Elle pensa à tout ce qu'elle avait traversé pour en arriver là. À tous les sacrifices qu'elle avait faits, à la quête qui l'avait poussée à aller au-delà de ses limites. Et maintenant, face à l'homme qui semblait détenir la clé de tout, elle devait choisir.

Elle respira profondément, le regardant dans les yeux, cherchant la vérité dans son regard. Puis, d'une voix calme mais déterminée, elle dit :

— "Je veux savoir. Je suis prête."

L'homme inclina la tête en signe d'approbation.

— "Alors, prépare-toi, Léa. Le voyage ne fait que commencer."

À ces mots, l'obscurité sembla se refermer sur elle, comme si le monde autour d'elle disparaissait, et le sanctuaire tout entier s'effaçait dans le néant. Mais cette fois, elle n'avait plus peur. Elle avait fait son choix, et elle était prête à en assumer les conséquences.

Chapitre 45 : Le Poids de la Connaissance

Léa se retrouva de nouveau dans l'obscurité, mais une obscurité différente, plus dense, comme si elle était plongée dans une substance noire et épaisse. Elle ne pouvait plus bouger, ni respirer comme avant. Un froid glacial envahit ses os, comme si chaque cellule de son corps se crispait sous la pression de cette réalité. Puis, une lumière éclatante surgit de nulle part, une lumière d'une intensité telle qu'elle la força à fermer les yeux.

Quand elle les rouvrit, elle se retrouva dans un lieu indescriptible. Ce n'était pas un lieu physique. Ce n'était pas même un endroit en soi. C'était une sorte d'espace hors du temps, suspendu entre les dimensions. Des formes floues se mouvaient autour d'elle, des entités sans visage ni forme définie, mais qui semblaient la regarder, la scruter. Elle n'arrivait pas à comprendre ce qu'elles étaient, ni ce qu'elles voulaient, mais elle ressentait leur présence, une présence qui la faisait frissonner.

Au centre de cet espace flottant, une silhouette émergea lentement. C'était l'homme qu'elle avait vu précédemment, celui qui semblait détenir toutes les réponses. Mais à présent, quelque chose avait changé en lui. Il était plus lumineux, presque translucide, et une aura étrange émanait de son être, une lumière bleutée et vibrante qui semblait pénétrer chaque recoin de cet espace.

Il tendit la main vers Léa, et sans qu'elle comprenne comment, elle se retrouva près de lui, comme attirée par un magnétisme invisible. Les entités floues autour d'elle se rapprochèrent, mais elles restaient silencieuses, immobiles, comme si elles attendaient un signal.

— "Tu as fait le bon choix," dit l'homme d'une voix calme et profonde, résonnant à travers l'espace comme un écho. "Mais maintenant, Léa, tu dois comprendre ce que cela signifie."

Léa hocha la tête, mais ses mots étaient absents. Elle n'était plus sûre de rien. Ce qu'elle avait vu, ce qu'elle avait ressenti dans ce sanctuaire, tout semblait n'être qu'un préambule à quelque chose de bien plus vaste, de bien plus ancien qu'elle n'aurait jamais pu imaginer.

L'homme fit un geste, et soudain, des images commencèrent à défiler autour d'elle. Des visions. Des scènes d'événements anciens, d'époques révolues, de mondes oubliés. Léa les observa, hypnotisée. Elle voyait des civilisations florissantes, des peuples disparus, des rituels mystiques, et, au centre de tout cela, le médaillon, qu'elle avait toujours porté avec elle. Il semblait être le fil conducteur, le lien entre tous ces mondes et ces époques.

Chaque vision la rapprochait un peu plus de la vérité, mais elle ne pouvait saisir pleinement ce qu'elle voyait.

— "Ce médaillon, Léa," dit l'homme, "est la clé de l'équilibre. Il détient la mémoire des Anciens, un savoir si ancien que même les dieux l'ont oublié. C'est une relique d'un temps antérieur à la naissance des hommes. Mais ce savoir ne peut pas être transmis sans conséquences."

Les visions cessèrent brusquement, laissant Léa dans un silence lourd, presque suffocant. L'homme la regarda longuement, comme s'il pesait ses paroles.

— "Les Anciens ont conçu ce médaillon pour protéger un savoir immense, mais aussi pour tester ceux qui oseraient le rechercher. Beaucoup ont échoué. Ceux qui ont cherché trop profondément ont perdu leur esprit, leur âme… et parfois même leur humanité."

Léa sentit une lourde pression sur sa poitrine, comme si le poids des mots de l'homme se faisait plus lourd à chaque seconde. Elle savait qu'elle était à la croisée des chemins, que la vérité qu'elle avait cherchée jusque-là pourrait la consumer, ou la transformer à jamais.

— "Et pourquoi moi ?" demanda-t-elle, sa voix brisée. "Pourquoi ai-je été choisie ?"

L'homme s'approcha un peu plus, son regard perçant semblant sonder son âme.

— "Tu n'as pas été choisie, Léa. C'est toi qui as choisi. Le médaillon t'a trouvé. Ce n'était pas un hasard. Tu portes en toi une force ancienne, une lignée oubliée. Les Anciens avaient prévu que quelqu'un comme toi viendrait. Quelqu'un capable de voir au-delà des illusions et de comprendre ce qui est dissimulé dans les ombres du temps."

Léa frissonna. Elle ne savait pas si ces paroles étaient un honneur ou une malédiction. Mais une chose était certaine : elle ne pourrait plus jamais revenir en arrière. Ce qu'elle avait découvert, ce qu'elle avait accepté en franchissant cette porte, allait changer sa vie à jamais.

— "Alors, qu'est-ce que je dois faire ?" demanda-t-elle, ses mots résonnant dans le vide autour d'eux.

L'homme ne répondit pas immédiatement. Il leva une main et fit un autre geste. Cette fois, l'espace autour de Léa se transforma, comme si le temps lui-même se tordait, se pliant à une volonté supérieure. Elle se retrouva projetée dans un autre lieu, une autre époque. Les images qui l'entouraient étaient plus claires, plus nettes, comme si elle était plongée dans un souvenir vivant, un instant capturé au cœur de l'histoire.

Elle vit un peuple, des êtres humains, mais différents d'elle, un peuple aux yeux étranges, aux pouvoirs mystérieux. Ils étaient les Anciens, les gardiens du savoir perdu. Elle les observa, fascinée. Ils étaient magnifiques, empreints d'une sagesse infinie, mais leurs regards étaient emplis de mélancolie, comme s'ils savaient que leur fin approchait.

Les images devinrent plus sombres. Léa vit la chute de ce peuple, la destruction de leur civilisation. Des guerres, des trahisons, des catastrophes. L'équilibre avait été brisé, et avec lui, le savoir des Anciens avait été caché, scellé dans des reliques comme le médaillon.

Les visions se dissipèrent aussi soudainement qu'elles étaient apparues, et Léa se retrouva de nouveau dans cet espace hors du temps, seule avec l'homme lumineux.

— "Ce que tu as vu n'était pas une simple histoire. C'était le prélude à tout ce qui va se passer. Les Anciens ont choisi de protéger ce savoir, mais leur époque est révolue. À présent, c'est à toi de décider si ce savoir doit revenir à la surface."

Léa sentit une lourde responsabilité peser sur ses épaules. La vérité qu'elle avait cherchée n'était qu'un fragment d'un tout bien plus vaste. Et maintenant, elle devait décider si elle allait libérer ce savoir, ou si elle allait le cacher à nouveau, pour protéger l'équilibre fragile du monde.

Le silence s'installa de nouveau, lourd et interminable, alors que Léa réfléchissait à ce choix. Mais au fond d'elle, elle savait que cette décision ne concernerait pas seulement son avenir. Elle porterait le poids de l'histoire sur ses épaules, et l'écho de ce choix résonnerait à travers le temps, pour les générations à venir.

Chapitre 46 : Les Ombres du Passé

Léa se tenait là, dans l'immensité de cet espace suspendu, comme une ombre parmi les ombres. Les paroles de l'homme résonnaient encore dans son esprit, s'entrelacées avec les visions qu'elle venait de vivre. Elle avait vu la fin des Anciens, mais leur savoir demeurait, caché dans des recoins oubliés du monde. La décision qui s'offrait à elle était aussi vaste que l'univers lui-même. Libérer ou garder secret le savoir des Anciens. Ce savoir qui pourrait changer l'humanité ou bien la condamner à des ténèbres dont elle n'aurait jamais pu revenir.

Une brise légère souffla, bien que l'espace autour d'elle ne laissait apparaître aucun signe de vent. La lumière bleutée de l'homme semblait vaciller, comme une flamme hésitante dans la nuit. Elle regarda autour d'elle, et les formes floues qui la scrutaient s'étaient légèrement rapprochées, bien que toujours figées, immobiles, comme si elles attendaient que la réponse soit donnée. Leurs regards, invisibles mais présents, semblaient peser sur elle, l'obligeant à répondre. Mais comment répondre à une question aussi vaste ?

Elle respira profondément. Son cœur battait fort dans sa poitrine, comme s'il voulait briser les chaînes de son corps et s'échapper. Elle pouvait sentir la pression du temps, de l'espace, de la vérité elle-même se resserrer autour d'elle. Chaque pensée, chaque émotion semblait amplifiée, comme si elle était en train de faire face à une décision ultime, une décision qui pourrait affecter l'existence même de tout ce qu'elle connaissait.

L'homme lumineux, comme s'il avait perçu ses tourments intérieurs, s'approcha d'un pas, et sa voix, profonde et mesurée, s'éleva à nouveau, calme et solennelle.

— "Tu te sens accablée, Léa, parce que tu sais que ce savoir, une fois révélé, ne reviendra pas en arrière. Mais tu ne dois pas craindre cette vérité. Elle fait partie de l'histoire de l'humanité. Ce que tu as vu n'est qu'une partie du tout. Il y a encore beaucoup plus à découvrir."

Les mots de l'homme étaient comme des vagues, frappant son esprit sans relâche, cherchant à la faire avancer. Mais Léa se sentait figée, comme paralysée par la vérité qui commençait à s'imprimer dans son esprit. Elle n'était plus la même. Elle n'avait plus le luxe de l'ignorance. La vérité ne pouvait pas être effacée. Elle vivait désormais avec elle, une compagne silencieuse mais omniprésente.

Elle se tourna vers l'homme.

— "Je comprends… mais je ne peux pas ignorer ce que cela implique. Si je révèle ce savoir, le monde changera à jamais. Les Anciens savaient que ce savoir ne devait pas être partagé. Mais est-ce que j'ai vraiment le droit de garder ce secret pour moi, de condamner ceux qui viendront après moi à une existence de mystère, à une vie sans cette vérité ?"

L'homme la regarda silencieusement, et elle sentit un éclat de compréhension traverser ses yeux. Il semblait, d'une certaine manière, accepter son dilemme.

— "C'est le fardeau de celui qui détient la vérité. Celui qui choisit de la révéler doit en accepter les conséquences. Mais celui qui la garde peut vivre avec la peur de ne jamais savoir s'il a fait le bon choix."

Le silence s'installa à nouveau, lourd, oppressant. Léa se laissa tomber à genoux, la tête basse, épuisée. Tout en elle criait qu'elle n'était pas prête à porter un tel fardeau, mais une autre voix intérieure, plus calme, lui soufflait qu'elle n'avait pas le choix. Ce fardeau avait été placé sur ses épaules pour une raison. Elle était ici parce qu'elle devait faire ce choix.

Un frisson parcourut son échine. Elle tourna la tête, apercevant au loin un portail, une ouverture qui ne semblait pas appartenir à cet espace. Il scintillait d'une lumière douce, presque rassurante, comme une lueur d'espoir dans la brume de ses pensées. C'était là, la porte de la sortie. Ou peut-être celle d'un nouveau commencement.

Léa se leva lentement, déterminée. Elle s'avança vers la lumière, ses pas résonnant dans l'espace désert. Les entités floues se dissipèrent comme des ombres au matin, se fondant dans l'obscurité, ne laissant derrière elles que le silence. L'homme lumineux la suivit, ne disant rien, mais sa présence était toujours là, palpable, comme un spectre veillant sur elle.

Léa arriva enfin à la porte, mais avant de franchir le seuil, elle se tourna une dernière fois vers l'homme.

— "Si je décide de garder ce savoir pour moi, si je choisis de partir sans rien dire… Que se passera-t-il ?"

L'homme, d'un geste lent, lui fit signe de regarder au-delà du seuil. Léa se pencha, jetant un coup d'œil au-delà de la porte. Ce qu'elle vit la stupéfia : des silhouettes humaines, marchant dans un monde en ruine, perdu dans le chaos et l'ignorance. Elles semblaient perdues, errant sans but, comme si elles avaient oublié d'où elles venaient et où elles allaient. Un monde sans savoir, sans lumière, où l'humanité était condamnée à répéter les mêmes erreurs, sans jamais en sortir.

— "Le monde, Léa, ira là où tu le guideras. Si tu choisis de garder ce savoir, tu sauveras peut-être des vies, mais tu condamneras d'autres à rester dans les ténèbres. L'ignorance peut être un refuge, mais elle peut aussi être une prison."

Elle resta silencieuse, pétrifiée par cette vision. Le poids de son choix n'avait jamais été aussi lourd. La porte s'ouvrit lentement, et une voix intérieure, une voix qu'elle avait toujours ignorée jusqu'à ce moment-là, murmura dans son esprit : *Révéler le savoir. Libère-les.*

Elle inspira profondément et franchit le seuil.

Mais en tournant le dos à l'homme lumineux, Léa savait que ce n'était pas la fin de son voyage. Ce n'était que le commencement. Le savoir qu'elle allait révéler n'appartenait plus seulement aux Anciens, il appartenait désormais au monde entier. Et la vérité, aussi lourde et accablante soit-elle, allait être son fardeau à porter, jusqu'au bout.

Chapitre 47 : La Voie du Sacrifice

Léa s'éveilla brusquement dans son appartement, son souffle court et désordonné, comme si elle venait de sortir d'un rêve éveillé. Les images des Anciens, des visions d'un monde révolu et du médaillon, étaient encore présentes dans son esprit, gravées profondément dans sa mémoire. Mais elles se dissipaient lentement, comme des brumes du matin qui se retirent sous l'effet du soleil. Elle était de retour dans la réalité, mais quelque chose en elle avait changé. La vérité qu'elle avait touchée, celle qu'elle portait désormais, la hantait, l'alourdissait.

Elle se leva d'un coup, la tête tournant sous l'effet de l'intensité des souvenirs. Un frisson parcourut sa colonne vertébrale, mais il n'avait rien de la peur. C'était autre chose, un mélange étrange de certitude et de terreur. Le poids de ce qu'elle savait maintenant, de ce qu'elle allait devoir faire, la paralysait presque. Elle n'était plus la même. L'information qu'elle détenait, cette clé du savoir des Anciens, n'était pas seulement un fardeau personnel. C'était un fardeau pour le monde entier. Et cette réalité, bien que difficile à accepter, devait être affrontée.

Léa se dirigea vers la fenêtre de son appartement et regarda les rues en contrebas. La ville était encore plongée dans une semi-obscurité, le matin n'étant qu'à peine levé. Les passants s'activaient dans leur routine quotidienne, inconscients du cataclysme invisible qui se préparait. Le monde allait changer, mais eux, ils ne le savaient pas encore. Elle se demanda si l'humanité, dans son ensemble, serait prête à accepter ce qui allait arriver. Ou si, comme les Anciens, ils choisiraient d'ignorer la vérité, se réfugiant dans un confort trompeur.

Un bruit de porte se fit entendre derrière elle, et Léa se retourna brusquement. C'était Gabriel, son ancien collègue du service de police, son ami et confiant. Il semblait préoccupé, le regard inquiet. Il était l'un des rares à qui elle avait pu confier certains des événements récents, mais même lui n'avait aucune idée de l'étendue de la vérité qu'elle venait de découvrir.

— "Léa, tu es bien ?" demanda Gabriel d'une voix douce mais pleine d'inquiétude. Il s'approcha et s'arrêta à quelques pas d'elle, son regard scrutant son visage, cherchant une réponse qu'il ne savait pas comment formuler.

Elle ne répondit pas tout de suite, se contentant de le fixer. Elle savait qu'il percevait la transformation en elle, mais il ne comprenait pas encore l'ampleur de ce qui se passait dans son esprit. Il n'avait aucune idée de ce qu'elle avait vécu, des choix qu'elle venait de faire, et des conséquences qui en découleraient.

— "Je vais bien, Gabriel," répondit-elle enfin, sa voix étant étonnamment calme. "Mais il y a quelque chose que tu dois savoir."

Gabriel la regarda intensément, un frisson traversant son visage, car il savait que Léa n'aurait pas dit cela sans raison. Il s'approcha davantage, se penchant légèrement vers elle, cherchant à capter toute son attention.

— "Quoi donc ? Qu'est-ce qui se passe, Léa ?"

Elle le fixa une nouvelle fois. À cet instant, elle comprit qu'il ne pouvait pas être impliqué dans cette affaire. Il n'avait pas choisi cette voie. Elle était seule à porter cette vérité, et il serait trop dangereux de l'impliquer davantage.

— "Je suis désolée, Gabriel, mais tu ne peux pas savoir," dit-elle en baissant les yeux. "Pas encore. Je ne veux pas que tu sois mêlé à ça."

Il sembla hésiter, mais il acquiesça, comprenant qu'elle ne pouvait pas tout lui dire. Mais un soupçon de doute demeurait dans son regard. Avant qu'il puisse poser une nouvelle question, un bruit sourd retentit à la porte de l'appartement. Quelqu'un frappait violemment. Léa tourna brusquement la tête vers la porte, son cœur s'accélérant.

Gabriel s'approcha, mais Léa le retint d'un geste de la main. Elle s'avança lentement, sans un mot, et ouvrit la porte. En face d'elle se tenaient deux hommes en costume sombre, leurs visages dissimulés derrière des lunettes de soleil malgré l'heure matinale.

L'un d'eux fit un pas en avant, son regard froid fixant Léa sans détour.

— "Léa Caron ?" demanda-t-il d'une voix monotone.

Elle ne répondit pas tout de suite. Elle savait exactement qui étaient ces hommes. Ils étaient liés à l'organisation secrète dont elle avait entendu parler, cette faction qui avait existé dans l'ombre des Anciens et qui cherchait à récupérer ce savoir interdit. Ils avaient des moyens considérables, et il était évident qu'ils étaient au courant de la disparition du médaillon.

— "Qui vous êtes ?" demanda-t-elle d'une voix calme, mais déterminée.

Les hommes échangèrent un regard, comme s'ils cherchaient la meilleure façon de répondre. Puis l'un d'eux parla à nouveau.

— "Nous représentons un groupe… disons, un groupe d'intérêt, qui a pris note de vos récentes découvertes. Nous pensons que vous possédez des informations que nous aimerions examiner de plus près. Votre connaissance du médaillon et des Anciens est, pour nous, d'un intérêt primordial."

Léa se crispa intérieurement. Elle savait ce qui allait suivre. Ces hommes étaient là pour la récupérer, pour l'emmener dans un lieu où elle serait forcée de révéler ce qu'elle savait. Ils voulaient exploiter le savoir des Anciens pour leurs propres fins, quelle que soit la conséquence pour l'humanité.

— "Je n'ai rien à vous donner," répondit-elle fermement. "Laissez-moi tranquille."

L'un des hommes esquissa un sourire froid. Puis, d'un geste rapide, il sortit un petit appareil de sa poche et le plaça dans sa main. Un faisceau lumineux en émana, semblant émettre des ondes invisibles. Léa sentit un frisson glacé envahir son corps, comme si une onde de choc avait traversé son esprit. Elle perdit momentanément la capacité de réfléchir, son esprit se brouillant sous l'effet de cette technologie inconnue.

Gabriel, voyant ce qui se passait, s'élança en avant, mais un des hommes le repoussa brutalement. Léa se remit aussitôt, secouant la tête, essayant de repousser la brume qui envahissait son esprit.

— "Gabriel, va-t'en !" cria-t-elle. "Va-t'en maintenant !"

Mais il hésita, ne sachant pas quoi faire. Léa savait qu'elle devait prendre une décision rapide. Elle se tourna vers l'homme avec l'appareil et, d'une voix glacée, lui lança :

— "Je vais vous faire regretter ça."

Dans un geste rapide, elle se saisit du médaillon qu'elle portait autour du cou, la clé du savoir des Anciens. Elle sentit une énergie puissante émaner de lui, comme une vague déferlante d'une force incontrôlable. Avant que les hommes ne puissent réagir, elle prononça une série de mots dans une langue ancienne, une incantation qu'elle avait entendue dans ses visions. Une lumière intense éclata, et les deux hommes furent projetés en arrière, les yeux écarquillés sous le choc de cette puissance inattendue.

Quand la lumière se dissipa, ils étaient partis. Mais Léa savait que ce n'était que temporaire. Ils reviendraient. Et la bataille ne faisait que commencer.

Chapitre 48 : L'Éveil du Pouvoir

Léa resta là, figée dans la lumière qui s'estompa lentement, les échos de l'incantation qu'elle avait prononcée résonnant encore dans son esprit. Le médaillon, serré contre sa poitrine, semblait pulsé doucement comme une présence vivante. Elle sentait une étrange chaleur émaner de lui, comme si un pouvoir ancien se réactivait, éveillé par sa volonté. L'effet de l'incantation n'était que temporaire, mais elle avait suffisamment de force pour envoyer un message clair : elle ne se laisserait pas faire. Ni elle, ni le savoir qu'elle détenait.

Les deux hommes en costume sombre étaient partis, mais elle savait que ce n'était qu'un répit. Il n'avait pas fallu longtemps pour qu'ils reviennent, avec davantage de ressources, et probablement une approche plus subtile. Leur attaque était prévisible, mais leur pouvoir, leur influence, étaient redoutables. Elle n'avait pas encore toutes les pièces du puzzle, mais elle savait une chose : l'équilibre du monde était sur le point de changer. Tout ce qu'elle avait vécu, tout ce qu'elle avait appris, convergeait vers ce moment où elle devrait faire face à la vérité – une vérité qu'elle n'avait pas encore entièrement comprise.

Gabriel, toujours présent, se tenait maintenant à quelques pas, visiblement perturbé par ce qu'il venait de voir. L'angoisse était visible sur son visage, mais il essayait de cacher sa peur derrière un masque de détermination. Il s'approcha lentement de Léa, ses yeux cherchant à capter son attention.

— "Léa, qu'est-ce qui vient de se passer ? Qui étaient ces hommes ?"

Elle secoua la tête, ne sachant pas par où commencer. Elle n'était même pas certaine qu'elle pourrait lui expliquer, car la vérité était bien plus vaste et complexe que tout ce qu'elle avait pu imaginer. Les événements qui se déroulaient dépassaient tout ce qu'elle avait pu concevoir. Mais une partie d'elle savait qu'il ne pourrait pas rester dans l'ignorance bien longtemps.

— "Ils viennent de l'organisation secrète, Gabriel," répondit-elle d'une voix rauque. "Une organisation qui a survécu aux Anciens. Ils veulent récupérer ce que j'ai trouvé. Ils veulent le savoir. Et ils ne s'arrêteront pas tant qu'ils ne l'auront pas."

Gabriel sembla sous le choc, mais sa compréhension se fit progressivement. Il savait que Léa avait toujours été liée à des enquêtes plus sombres que celles auxquelles la police ordinaire faisait face, mais cette situation dépassait de loin tout ce qu'il avait imaginé. La réalité semblait s'effondrer autour de lui, et les règles du monde qu'il avait toujours connu n'avaient plus de sens. Mais il y avait quelque chose de plus en lui : une loyauté indéfectible envers Léa. Il n'allait pas la laisser seule dans cette épreuve. Ni elle, ni la vérité qu'elle détenait.

— "Nous devons partir," dit-il d'une voix ferme, un soupçon d'autorité perçant dans ses paroles. "Nous devons quitter cet endroit avant qu'ils ne reviennent avec plus de force."

Léa acquiesça d'un signe de tête, mais une pensée obsédante l'empêchait de bouger. Partir, oui, mais où aller ? Les hommes de l'organisation secrète étaient partout. Ils avaient les moyens de la retrouver, où qu'elle aille. Elle devait agir, mais elle avait besoin de plus de réponses. Plus d'informations. Et pour cela, elle devait retourner dans les lieux où elle avait découvert les premiers indices, là où tout avait commencé.

— "Il y a un endroit," dit-elle enfin, la voix basse, presque chuchotée. "Un lieu que je dois visiter. Je suis sûre que les réponses se trouvent là-bas."

Gabriel la regarda, un regard mêlé de confusion et d'inquiétude. Mais il comprit. Elle était prête à tout sacrifier pour comprendre la vérité, pour comprendre ce que les Anciens avaient laissé derrière eux. Et lui, il n'avait d'autre choix que de la suivre. Peu importe où cela les mènerait.

La route qui les attendait serait semée d'embûches, mais Léa savait que c'était leur seule chance. Leur seule chance de découvrir l'ultime secret. Ce secret qui, une fois révélé, pourrait changer le monde à jamais.

La décision était prise.

Léa s'approcha de la porte, attrapant son manteau et le revêtant d'un geste décidé. Elle jeta un dernier coup d'œil à l'appartement, une sensation étrange de déjà-vu la traversant. Elle n'était pas certaine de revenir ici un jour. Mais quelque part, dans son esprit, elle savait que cette vie, ce passé, appartenait désormais à une autre version d'elle-même. Celle qui se trouvait à la croisée des chemins, prête à se confronter à ce que le monde avait toujours ignoré.

Ils sortirent dans la rue silencieuse, la lumière du matin commençant à illuminer les rues désertes. Le vent soufflait légèrement, emportant avec lui une sensation de fin, mais aussi de commencement. La fin d'une époque, mais le début d'une quête qui pourrait bien les mener à leur perte… ou à la révélation ultime.

Gabriel ne posa plus de questions. Il savait que le moment était venu d'agir. Ils se dirigèrent vers le véhicule garé plus loin, prêts à se lancer dans l'inconnu, là où chaque détour pourrait les rapprocher de la vérité ou les plonger davantage dans les ténèbres.

L'ombre de l'organisation secrète planait au-dessus d'eux, et leur route ne faisait que commencer.

Chapitre 49 : Le Poids du Silence

Le vent avait pris une ampleur inattendue alors qu'ils roulaient à travers la ville, coupant l'air dans une fuite silencieuse. Léa fixait la route avec une intensité presque angoissée, ses pensées en tumulte. Elle avait toujours su que les révélations auxquelles elle était confrontée ne seraient pas sans conséquence, mais elle ne s'était jamais imaginé qu'elles la poussent à ce point. Chaque nouvelle pièce du puzzle semblait en appeler une autre, et chaque indice qu'elle découvrait n'était que le commencement d'une série de questions sans réponses.

Gabriel, quant à lui, était concentré sur la conduite, jetant de temps en temps des regards furtifs vers elle, cherchant à la comprendre sans poser de questions. Elle n'avait rien dit de plus sur leur destination, mais il savait que la route qu'ils suivaient n'était pas celle d'un simple voyage. Ils étaient en train de courir un danger auquel il n'avait pas été préparé. Et pourtant, il était avec elle, sans doute parce qu'il comprenait plus qu'il ne l'avouerait jamais. Il avait vu dans ses yeux la même détermination que lorsqu'ils avaient été jeunes, prêts à affronter les mystères du monde avec la confiance que seule la jeunesse pouvait offrir. Mais aujourd'hui, ce même regard portait un fardeau bien plus lourd, une certitude douloureuse.

Les rues qu'ils traversaient devenaient de plus en plus désertes à mesure qu'ils s'éloignaient du centre de la ville. Les bâtiments vieillissants, les ruelles sombres et les quartiers oubliés semblaient tous les observer, comme des témoins silencieux des événements qui se jouaient. Léa sentit une étrange sensation d'étouffement. Ce n'était pas la peur, mais plutôt le poids d'un secret trop lourd à porter, un secret qu'elle avait hérité sans avoir jamais demandé à en faire partie. Mais aujourd'hui, elle savait qu'il n'y avait pas de retour en arrière. Si elle ne trouvait pas les réponses, tout ce qu'elle avait vécu, tout ce qu'elle avait appris, n'aurait servi à rien. La vérité devait éclater, qu'importe les sacrifices nécessaires.

Ils arrivèrent enfin devant un vieux bâtiment abandonné, un lieu qui, en apparence, semblait n'avoir plus été touché depuis des années. Un silence étrange régnait autour, comme si le monde lui-même avait suspendu son souffle en attendant ce qu'ils allaient faire. Léa se tourna vers Gabriel, son regard déterminé.

— "C'est ici," dit-elle, sa voix basse mais ferme. "C'est le seul endroit où je peux trouver ce que je cherche."

Gabriel n'ajouta rien, mais son visage trahissait une inquiétude palpable. Il savait que ce lieu, cet ancien complexe, n'était pas qu'un simple bâtiment abandonné. C'était un vestige du passé, un témoin silencieux de ce que les Anciens avaient laissé derrière eux. Un lieu dont les murs portaient des secrets enfouis dans la poussière du temps. Et maintenant, ils étaient là pour en déterrer une partie. Mais à quel prix ?

Ils sortirent du véhicule et s'avancèrent, leurs pas résonnant dans la ruelle déserte. L'entrée du bâtiment était obstruée par une porte métallique rouillée, mais Léa n'hésita pas. Elle avança d'un pas décidé et posa sa main sur la poignée. Un coup de pression, un léger craquement, et la porte s'ouvrit. Un parfum d'humidité et de vieux papiers s'échappa, comme si le bâtiment venait de reprendre vie après des années de silence.

À l'intérieur, tout était plongé dans l'obscurité, mais Léa n'eut pas besoin de lumière pour savoir où aller. Elle avait vu cet endroit dans ses visions, dans les éclats de souvenirs qui lui revenaient depuis qu'elle avait découvert le médaillon. Elle se dirigea sans hésitation vers une porte au fond du hall. Une porte en bois ancien, gravée de symboles qu'elle reconnaissait désormais. Des symboles qui n'étaient pas seulement décoratifs, mais qui avaient un sens profond, une signification que les Anciens avaient laissée pour ceux qui étaient capables de la déchiffrer.

Gabriel la suivait de près, son regard cherchant à comprendre ce qu'elle faisait. Chaque mouvement qu'elle faisait, chaque geste précis, révélait une certitude dans son comportement. C'était comme si, peu à peu, elle se transformait en une autre personne. Elle n'était plus la Léa qu'il avait connue. Elle portait désormais en elle le poids de cette mission, de ce savoir qu'elle devait protéger ou révéler, selon les circonstances.

Ils atteignirent la porte et Léa l'ouvrit lentement. Derrière, une pièce plongée dans l'ombre les attendait. Des étagères remplies de vieux livres et de manuscrits éparpillés étaient entassées contre les murs. Le sol était jonché de papiers jaunit par le temps. Mais ce n'était pas cela qui intéressait Léa. Ce qui la préoccupait, c'était la grande table en bois massif au centre de la pièce, recouverte de cartes anciennes et de notes manuscrites. Et, au centre de la table, une petite boîte en métal, ornée de gravures complexes, attendait patiemment. Elle n'avait aucune idée de ce qu'elle contenait, mais son intuition lui disait que c'était là que résidait la réponse à ses questions.

— "Qu'est-ce que c'est ?" murmura Gabriel, comme si le silence de la pièce exigeait des mots murmurés.

Léa s'approcha de la table et posa la main sur la boîte. Son cœur battait plus vite à chaque instant. Elle savait que ce moment était crucial, celui qui allait déterminer la suite des événements. Si elle ouvrait cette boîte, tout serait différent. Le monde changerait à jamais. Mais elle n'avait pas le choix. Elle n'avait plus le luxe de douter.

Elle ouvrit la boîte. À l'intérieur, un vieux rouleau de parchemin, soigneusement enroulé, reposait sous un mince tissu de soie. Elle le sortit délicatement, le déroula lentement, et ses yeux se posèrent sur ce qui était écrit. Les symboles étaient familiers, mais il y avait quelque chose de plus. Une autre langue, plus ancienne encore, et un message codé que seules les personnes initiées pouvaient déchiffrer. Léa se pencha sur le parchemin, ses mains tremblant légèrement sous l'intensité de l'instant.

Gabriel s'approcha également, observant sans comprendre.

— "Qu'est-ce que ça veut dire ?" demanda-t-il.

Léa leva les yeux vers lui, un regard empreint d'une détermination glaciale.

— "C'est la clé," dit-elle simplement. "La clé de tout ce qui a été caché pendant des siècles."

Et alors qu'elle commençait à déchiffrer les mots inscrits sur le parchemin, une sensation étrange s'empara d'elle. Comme si le monde autour d'elle se déformait, comme si la réalité elle-même s'effondrait sous le poids de ce qu'elle venait de découvrir. Les premiers indices étaient là, mais ils n'étaient qu'une partie du tout. Le reste, tout le reste, restait à révéler.

Elle ferma les yeux un instant, sentant la pression dans ses tempes. Quelque chose allait se produire, quelque chose qu'elle n'avait pas anticipé. Et cette fois, elle ne pourrait plus revenir en arrière.

La pièce était plongée dans une ombre épaisse, malgré les quelques rayons de lumière qui perçaient à travers les fissures des fenêtres brisées. Le parchemin, tenu fermement entre ses doigts, semblait brûler dans les mains de Léa. Les mots inscrits dessus se mêlaient à ses pensées, fusionnant avec les bribes de souvenirs qu'elle avait accumulées au fil des mois. Les symboles anciens dansaient devant ses yeux, et elle se rendit compte que l'histoire qu'elle avait cherchée à comprendre, cette quête sans fin, n'était qu'une partie de quelque chose de bien plus grand.

Gabriel restait derrière elle, immobile, la laissant faire, bien qu'il sentit une tension s'accumuler dans l'air. Il n'avait jamais vu Léa dans un tel état. La Léa qu'il connaissait était pragmatique, implacable dans ses résolutions, mais là, elle semblait traverser une expérience bien plus intense, presque mystique. Ses gestes étaient plus lents, plus mesurés, comme si chaque mouvement exigeait une réflexion profonde.

Elle fixa les symboles inscrits sur le rouleau de parchemin, les yeux plissés, cherchant à comprendre ce qu'ils signifiaient. Ces mots, bien que familiers, étaient enveloppés d'une complexité que seul un esprit profondément initié pouvait saisir. Mais Léa n'était pas simplement une personne ordinaire. Elle avait été choisie, ou peut-être l'avait-elle toujours été, pour découvrir ces secrets enfouis depuis des siècles. Ce qu'elle tenait entre ses mains n'était pas seulement un artefact, mais le lien entre les mondes passés et ceux qui allaient émerger.

— "Tu dois le lire à haute voix," murmura une voix derrière elle, une voix qu'elle n'avait pas entendue jusque-là. Un murmure qui semblait sortir des murs eux-mêmes.

Elle se tourna brusquement, mais il n'y avait personne. Gabriel la regardait, perplexe, mais Léa savait que ce n'était pas une hallucination. C'était le lien, le pouvoir ancien qui parlait à travers elle. Elle ne pouvait plus ignorer cette vérité.

D'un souffle profond, elle se remit à lire les mots qui, lentement, commencèrent à se clarifier dans son esprit. Chaque syllabe, chaque lettre semblait vibrer avec une énergie surnaturelle, et à mesure qu'elle parlait, un grondement se fit entendre, venant de loin, comme si le sol lui-même répondait à l'appel. Le temps sembla suspendre son vol, les murs de la pièce se resserrant autour d'elle, jusqu'à ce qu'elle se sente presque engloutie par l'intensité du moment.

Gabriel s'avança lentement, mais Léa lui fit signe de s'arrêter, ses yeux toujours rivés sur les symboles. À mesure qu'elle prononçait les dernières syllabes, un éclat lumineux jaillit de la boîte métallique, illuminant toute la pièce d'une lumière aveuglante. Elle ferma les yeux, protégée par le pouvoir de ses mots, mais un cri perça l'air, un cri qui semblait mêler la douleur et la libération.

Le silence retomba soudainement. Léa rouvrit les yeux, et ce qu'elle aperçut la fit frissonner. Ce n'était plus seulement une pièce sombre et abandonnée. Les murs avaient disparu, remplacés par une vaste étendue de ciel. Les étoiles brillaient avec une clarté irréelle, comme si le temps et l'espace eux-mêmes avaient été distordus par l'incantation qu'elle venait de libérer. Devant elle, un portail s'ouvrit lentement, un passage entre deux mondes, un passage qu'elle était maintenant prête à franchir.

Gabriel s'approcha d'elle, les yeux écarquillés par la scène qui se déroulait sous ses yeux. Il ne comprenait pas tout, mais il savait que tout ce qu'ils avaient vécu les avait conduits ici, à ce point précis, à ce moment où l'invisible devenait tangible.

Léa tourna la tête vers lui, un regard rempli de résignation et de force à la fois.

— "C'est le début d'un autre monde, Gabriel. Un monde que personne ne pouvait imaginer, mais que nous devons maintenant protéger."

Gabriel comprit enfin. Ils avaient franchi la ligne entre la connaissance et l'action. Ce qu'ils allaient découvrir de l'autre côté du portail n'était pas simplement un secret ancien. C'était un pouvoir, une force qui pourrait façonner l'avenir de l'humanité, et Léa en était maintenant la gardienne.

Mais il y avait quelque chose d'encore plus profond. En déverrouillant ce portail, en ouvrant cette porte vers l'inconnu, elle avait libéré non seulement une vérité oubliée, mais aussi un pouvoir qui pourrait bien se retourner contre eux. Les forces qui avaient été enfermées, égarées dans le temps, étaient désormais libres, et leurs intentions n'étaient pas claires. Léa savait que le combat ne faisait que commencer.

Elle prit une profonde inspiration et se tourna vers Gabriel, son expression à la fois sereine et déterminée.

— "Il n'y a plus de retour en arrière," dit-elle. "Mais nous devons avancer. Ensemble."

Gabriel hésita un instant, puis hocha lentement la tête. Il savait, dans son cœur, qu'il n'aurait pas d'autre choix que de la suivre. Peu importe où ce chemin les mènerait, peu importe les dangers qui les attendaient. Il serait à ses côtés, comme il l'avait toujours été.

Ils franchirent ensemble le portail, un pas dans l'inconnu, un pas dans un monde nouveau. Mais ce qu'ils découvrirent au-delà de ce seuil ne ressemblait à rien de ce qu'ils avaient imaginé. Un monde dont la vérité restait encore bien plus vaste et bien plus ancienne que tout ce qu'ils avaient cru savoir. Un monde qui les attendait, avec ses mystères, ses secrets et ses dangers.

Et c'est là, dans cet ultime voyage, qu'ils comprirent enfin que la plus grande vérité n'était pas celle qu'ils cherchaient à résoudre, mais celle qu'ils étaient désormais destinés à protéger.